O Livro Básico dos Ogãs

Dados Internacionais de Catalogação na Publicação (CIP)
(Câmara Brasileira do Livro, SP, Brasil)

Mattos, Sandro da Costa
O livro básico dos Ogãs / Sandro da Costa Mattos.
2ª ed. — São Paulo: Ícone, 2011.

Bibliografia
ISBN 85-274-0840-6
ISBN 978-85-274-0840-0

1. Atabaque 2. Instrumentos musicais – Aspectos Religiosos 3. Ogãs (Umbanda) 4. Religiosidade 5. Umbanda (Culto) I. Título.

05-6759   CDD-299.672

Índices para catálogo sistemático:

1. Ogãs: Cerimônias litúrgicas: Umbanda: religião   299.672

Sandro da Costa Mattos

O Livro Básico dos Ogãs

2ª Edição

© Copyright 2011.
Ícone Editora Ltda

Ilustração da capa
Sandro da Costa Mattos

Capa
Meliane Moraes

Diagramação
Andréa Magalhães da Silva

Revisão gramatical e linguística
Sílvio Ferreira da Costa Mattos

Revisão
Rosa Maria Cury Cardoso

Proibida a reprodução total ou parcial desta obra,
de qualquer forma ou meio eletrônico, mecânico,
inclusive através de processos xerográficos,
sem permissão expressa do editor
(Lei nº 9.610/98).

Todos os direitos reservados pela
ÍCONE EDITORA LTDA.
Rua Anhanguera, 56 – Barra Funda
CEP 01135-000 – São Paulo – SP
Fone/Fax.: (11) 3392-7771
www.iconeeditora.com.br
iconevendas@iconeeditora.com.br

Agradecimentos

Acima de tudo, a Deus (Zambi, Tupã, Olorum...), o Criador do Universo e o Gerador da Vida.

A Nosso Senhor Jesus Cristo, o Pai Oxalá – Mestre Maior da Umbanda.

Ao meu Orixá, Senhor Obaluaê, com respeito e admiração.

Ao Caboclo Ubatuba, Mentor Espiritual da APEU, pelas mensagens de amor e fé que nos ensinam a caminhar na trilha da evolução espiritual.

À Cabocla Indira, pela doçura e afeto.

Ao Caboclo Boiadeiro da Jurema, Entidade responsável pelos Ogãs da casa, que sempre nos traz novos conhecimentos sobre a força dos instrumentos sagrados e da magia umbandista.

Ao meu padrinho espiritual, o Preto-Velho de Xangô: Pai Sete Quedas da Cachoeira.

Aos Exus de Lei, em especial ao Exu das Sete Portas e ao Exu da Maré, pela guarda e proteção.

E a todos os Orixás, Guias e Protetores que atuam nas Linhas de Umbanda.

Meu sincero Saravá!
O autor

Dedico esta obra

À minha esposa, Viviane Schiavino da Costa Mattos, pelo amor e companheirismo.

Aos meus pais e dirigentes espirituais da APEU: Silvio Ferreira da Costa Mattos e Cleide Cunha da Costa Mattos, pelo carinho, educação e incentivo, e ainda por terem mostrado desde a minha tenra idade a importância em seguir um caminho religioso para a prática da fé e da caridade.

Ao meu "Pai-de-Couro", hoje dirigente do Templo de Umbanda Branca do Caboclo Girassol, Dermeval Marques Saturnino.

Aos Ogãs da APEU: Cristiano M. Rocha, Sidney C. Mattos, Rogério da Silva, Willian da Silva, Wanderlei Cunha, Luis Marcelo G. Nascimento e André Luis G. Nascimento.

À minha avó, Carmélia Decomi Cunha, a Adagã da casa, sempre fiel à Umbanda, servindo de exemplo aos mais jovens.

Ao Ogã-Obá de Oxalá: Hevanir de Souza Mattos, grande Tata de Umbanda da cidade do Rio de Janeiro e patrono da APEU.

Ao meu avô e doutrinador, Francisco P. R. Conceição, pelas palavras de elevação espiritual.

Aos meus irmãos de fé da APEU – Associação de Pesquisas Espirituais Ubatuba.

A todos os Ogãs, os quais tive o prazer de acompanhar em um toque ou ponto cantado.

E a todo o povo umbandista.

Que Oxalá os ilumine!
Axé!

Índice

Prefácio, 11

A música e a religiosidade, 15
Tambores, 17
Religiões afro-brasileiras que utilizam tambores, 21
O atabaque, 27
Instrumentos auxiliares, 31
Os Ogãs, 33
Títulos e cargos dos Ogãs, 35
Outras denominações dos Ogãs, encontradas
  nas diversas Nações Africanas, 39
O Ogã e sua mediunidade, 41
Iniciação do Ogã, 45
Comportamento e disciplina, 49
Saudações aos Orixás e Linhas, 53
Saudações especiais, 55
Pontos cantados, 57
Toques e ritmos, 63
Cobertura dos atabaques, 67

Obrigações ritualísticas, 69
Firmeza dos atabaques, 71
Cruzamento do couro, 73
Energização, 75
Alimentar os atabaques, 77
Descarregar o couro, 79
Troca de couro, 81
Trabalhos junto à natureza, 83
Guias e colares, 87
Demanda entre Ogãs, 89
Paga de Ogã, 91
Mulheres nos atabaques, 93
Casos verídicos, 95
O Hino da Umbanda, 107
Letras de pontos cantados, 109
Regulamento dos Ogãs (modelo), 123
Manutenção dos instrumentos, 125
Um pouco de história, 127
Monte seu próprio instrumento, 129
Epílogo, 133
Referências Bibliográficas, 135

Prefácio

Foi com imensa alegria que recebi do autor desta obra intitulada – O livro básico dos Ogãs –, coincidentemente, meu filho, a incumbência de prefaciar este que é seu primeiro trabalho literário, particularmente de cunho religioso, no qual busca passar ao leitor um pouco da experiência reunida ao longo dos seus vinte anos no cargo de Ogã, cuja evolução no aprendizado e no aperfeiçoamento lhe permitiu galgar os postos hierárquicos dessa representação sacerdotal, pautado no comprometimento com a humildade, com a seriedade e a fé, até atingir os patamares que o levaram à posição de Alabê.

Desde muito cedo, tivemos a surpreendente e gratificante satisfação de testemunhar o despertar de suas habilidades para lidar com instrumentos de percussão. Sabíamos que se tratava de uma dádiva do Criador, que lhe permitiu vir ao mundo dotado de tão maravilhosa mediunidade.

Seu treinamento inicial aconteceu sobre uma antiga penteadeira que compunha os móveis de nosso quarto. Ali, eu e minha esposa, pasmos, presenciávamos sua dedicação e força de vontade ao vê-lo repetir incontáveis vezes as seqüencias dos toques, procurando as alternâncias sonoras e composição dos tempos musicais de forma que os tornasse graciosos e suaves aos ouvidos daqueles que o prestigiavam como expectadores.

Observávamos que, no transcurso dos trabalhos litúrgicos que, já naquele tempo dirigíamos na Associação de Pesquisas Espirituais Ubatuba – APEU –, no bairro do Jardim Catarina, na zona leste da cidade de São Paulo, sentado num banco de madeira dos que compunham as acomodações dos assistentes, suas mãos não paravam, tentando acompanhar as batidas dos tambores tiradas pelos Ogãs mais antigos.

Seus olhos apresentavam um brilho especial e certo encantamento quando presenciavam a ação do então Ogã Interino que colaborava com o Templo do Caboclo Ubatuba. Era ele que se responsabilizava pelas chamadas e pela marcação rítmica dos pontos ou cânticos, nosso irmão de fé, Antonio Carlos Palmeira, mais conhecido como Toninho, um alto conhecedor dos segredos e das modalidades utilizadas para fazer ressoar grande parte do cabedal musical integrante dos cultos oriundos dos povos africanos e indígenas, nos quais já se acha mesclada uma grande parcela de influências brasileiras, de outras religiões e até da própria universalidade humana, harmonizando-se para louvar as sacrossantas forças de Aruanda.

O senso de observação, a sensibilidade aos efeitos da percussão, a perseverança e os dons – natural e mediúnico –, colaboraram para que o menino Sandro, posteriormente sob o comando do Ogã Alabê Dermeval Marques Saturnino, viesse a fazer parte integrante do grupo de instrumentistas da referida Instituição.

Nesse período, devido à sua pequena estatura em função da idade, foi necessário que o acomodássemos sobre um pedaço de tora de árvore, do tipo usado pelos açougueiros, onde se faz o corte das carnes, de modo que pudesse alcançar o couro do atabaque a ele destinado.

O tempo passou despercebidamente e, quando menos se esperava, ei-lo adulto, casado, com formação superior em Ciências Biológicas e com a fé preservada, muito embora tivesse passado por duras provações em sua vida. Nada foi capaz de abalá-lo. Ao contrário, seguindo um dos ensinamentos passados, certo dia, pelo Caboclo Ubatuba, retirou de seus caminhos todas as pedras pequenas e contornou ou transpôs aquelas de dimensões maiores.

Diante desse mérito, intuitivamente foi-lhe dada a missão de transcrever, de forma respeitosa e singela, sem a pretensão de se assenhorear da verdade, este compêndio, no qual aborda um tema ainda pouco explorado ou divulgado no meio das religiões umbandista, candomblecista e outras congêneres.

Fruto de estudos e pesquisas feitos tanto *in-loco* quanto através de narrativas históricas ou da elucidação obtida por intermédio do Caboclo Boiadeiro da Jurema, os registros de *O livro básico dos Ogãs* procuram obedecer a uma cronologia que passa por cerimônias datadas da Antigüidade, chegando à era contemporânea. O texto realça a importância dos instrumentos musicais no estabelecimento de elos de ligação entre os homens em seu mundo terreno e os seres das incontáveis esferas do plano extrafísico, quer sejam dos estratos mais refinados, quer sejam dos mais densos – pois é de conhecimento geral que em todos os ritos de que se tem informação vemo-los presentes, seja no retininte badalar de um sino, nos acordes de uma lira, no soprar de um oboé, seja no som grave ou agudo dos tambores.

Aqui nos deparamos com o preenchimento de uma lacuna, há muito esquecida ou ignorada e que, certamente, irá elucidar ou suprimir muitas dúvidas nas respostas não obtidas dos líderes acomodados à simples prática da mediunidade ou de liturgias herdadas e repetidas sem questionamento, ou, pior ainda, daqueles que não reúnem a mínima condição de fazê-lo por também desconhecer as verdades.

Nada resulta do acaso. Os que acreditam nesse acaso são somente aqueles que não buscam se aprofundar nas raízes dos acontecimentos, pois se o fizessem poderiam ver que tudo obedece às Leis Imutáveis geradas pelo Onipotente, Onisciente e Onipresente Arquiteto do Universo. É por isso que vemos surgir obras encantadoras no seio da literatura umbandista, as quais têm tomado vulto com o aparecimento de maravilhosos romances, compilados com esclarecimentos sobre os métodos a serem empregados na convivência sociofamiliar que nos elevam no plano da espiritualidade e nos imunizam da não-aceitação da realidade que nos é imposta. Fortalecendo tais narrativas, vemos vicejar, também, um sem-número de obras voltadas para a doutrina em si, algumas, inclusive, preocupadas com a depuração e a exclusão de determinados hábitos causadores de repúdio e criadores de contendas.

Se você é Ogã na verdadeira acepção da palavra, não fique limitado ao conhecimento dos toques de atabaque. Vá em frente! Não pare no meio do caminho. Aprofunde-se no saber, pois foi para isso que Deus nos dotou da racionalidade e da mobilidade. Você está de posse do livro certo. Mais uma vez lhe afirmo: *Nada resulta do acaso*. Faça como os bons profissionais: especialize-se, busque o crescimento e a atualização e, com certeza, estará contribuindo para o seu próprio aprimoramento, para a prosperidade da casa a que se dedica e para o engrandecimento da sua religião!

Axé!
Silvio F. da Costa Mattos

A Música e a Religiosidade

Em todos os tempos e povos encontramos o uso da música a fim de se manter um contato com o Divino. Nas mais diversas crenças podemos observar sua presença.

Vejam que na Igreja Católica entoam-se hinos, ladainhas, cantos gregorianos. Os evangélicos também têm através do canto uma forma de agradar a Deus com suas bandas e conjuntos *Gospel*. As seitas orientais utilizam-se muito dos mantras (combinações de letras que vibram no Astral). Na Umbanda e cultos africanos, temos os pontos cantados, e até no espiritismo tradicional já existem canções que servem para difundir o Evangelho e os ensinamentos de Kardec.

Na própria *Bíblia* existem várias menções sobre a utilização musical, seja por meio de instrumentos seja por meio do canto.

Apenas para exemplificar, no Antigo Testamento temos: "Logo após a travessia do Mar Vermelho, Miriã e as mulheres de Israel adoraram a Deus com cânticos acompanhados de danças e tamborins". (Livro do Êxodo, 15: 20-21) "Os profetas dos tempos de Samuel usavam saltérios, tambores, flautas e harpas". (1- Samuel, 10:5) Como disse Isaías: "O Senhor veio salvar-me, pelo que, tangendo os instrumentos de cordas, nós o louvaremos todos os dias de nossa vida, na Casa do Senhor". (Isaías, 38: 20)

O Saltério (Salmos) era o cancioneiro de Israel. Os salmos dão muito destaque ao uso de instrumentos musicais na adoração a Deus: "Celebrai o Senhor com harpa, louvai-o com cânticos no saltério de dez cordas. Entoai-lhe novo cântico, tangei, com arte e com júbilo". (Salmo 33: 2-3)

No Novo Testamento, observamos os seguintes textos: "Por volta da meia-noite, Paulo e Silas oravam e cantavam louvores a Deus, e os demais companheiros de prisão escutavam". (Atos, 16: 25) "Está alguém entre vós sofrendo? Faça oração. Está alguém alegre? Cante louvores". (Tiago, 5: 13) "Habite, ricamente, em vós a palavra de Cristo; instruí-vos e aconselhai-vos mutuamente em toda a sabedoria, louvando a Deus com salmos e hinos e cânticos espirituais, com gratidão em vosso coração". (Colossenses, 3: 16)

Tambores

De forma genérica, podemos afirmar que tambores são instrumentos musicais de percussão, formados por uma armação oca, tendo, sobre essa, uma pele esticada, produzindo o som quando percutido, sendo esse originado pela vibração da membrana, ou seja, da pele, classificando-o assim como um membranofone.

Os primeiros tambores foram encontrados em escavações arqueológicas no Período Neolítico. Na Morávia, um desses achados foi datado de 6.000 anos a.c.. Em artefatos egípcios, outros foram localizados, com peles esticadas, datados de 4.000 anos a.c. Na Mesopotâmia e na antiga Suméria, alguns tambores de 3.000 anos a.c. ainda têm sido descobertos, conforme registro anotados por pesquisadores que estudam os hábitos culturais de antigas civilizações.

Características dos primeiros tambores

Consistiam de troncos ocos, cobertos pelas bordas com peles de répteis ou couro de peixes, sendo percutidos com as mãos. Somente mais tarde surgiu o uso de baquetas e também de peles mais resistentes.

Com o desenvolvimento musical do ser humano, a grande variedade de tamanhos, formas, tipos de peles e de métodos de fixação dessas foram surgindo. Num tambor de uma pele, eram usados materiais como pregos, grampos, cola etc. Já nos de duas peles, faziam-se furos atravessando-as, pelos quais passavam cordas a fim de esticá-las. Os tambores mais modernos, usando aros que pressionam a pele, surgiram na Europa.

Tambores sagrados

Os tambores sempre tiveram funções diversas, como a de transmitir alegria em festas populares, transmitir mensagens à distância e principalmente a função religiosa. Tidos como objetos sagrados, com poderes mágicos, mesmo atualmente, em certas sociedades, sua confecção envolve um certo ritual.

Em todo o mundo encontramos religiões ou seitas que os utilizam em seus cultos divinos.

Na China, há mais de 2.000 anos, usa-se tais instrumentos, feitos de bronze, em rituais sagrados e cerimônias de casamento.

No Japão, um gigantesco tambor chamado *o-taiko* é percutido no ritual "Bate o Coração da Mãe-Terra". Além disso, consideram-no diretamente ligado à história sagrada do Japão e ao culto original do xintoísmo. Encontramos ainda os de menor tamanho, como os pequenos *shime-taiko*, que emitem um alto diapasão. A manipulação desses instrumentos japoneses implica uma sintonia perfeita de mãos e pés, onde gestos coreografados não são simples espetáculos, mas sim a evocação ritual dos kamis (espíritos universais), invocandoos para a boa colheita, para a chegada da primavera e a identificação dos homens com a terra.

Nativos norte-americanos também associam os toques às batidas do coração da Mãe-Terra e ao som do útero, pois dá acesso à força vital através de seu ritmo. Para os Xamãs, é veículo para invocação de espíritos, para curas e para afastar a força do mal. É o instrumento de comunicação entre o Céu e a Terra.

No Vodu haitiano, empregam-se alguns outros modelos como: o *boula*, o *second* e o *manman*, também chamado de *assotor*.

Existem também os *Damarus* (instrumentos de Shiva), tumbadoras cubanas, tablas indianas, além dos usados no Tantra e no Budismo Tibetano.

Nos cultos africanos, como o Candomblé e a Umbanda, religião de terras brasileiras, entre muitas derivações, o mais comum é o conhecido **atabaque**.

Há ainda outros instrumentos considerados de grande poder, como os maracás e chocalhos, muito utilizados na América do Sul, principalmente pelos indígenas, feitos de cabaça, cascos de tartaruga ou chifres de gado, contendo, em seu interior, sementes ou pedras. São utilizados para quebrar a energia estagnada, para abertura de rituais, exorcismos e trabalhos de cura, além de serem ótimos para a marcação dos ritmos.

Religiões Afro-Brasileiras que Utilizam Tambores

No Brasil, existem diversas seitas e religiões que utilizam esse tipo de instrumento de percussão em seus rituais sagrados. Entre elas, destacam-se aquelas que se originaram dos povos indígenas e africanos, como as que seguem:

Umbanda

É uma religião universalista, com diversos detalhes encontrados nas mais variadas religiões e seitas do mundo. Porém, não é difícil identificar que na Umbanda, três bases religiosas têm papel fundamental em sua forma de atuar: o espiritismo, o catolicismo e os cultos africanos. A tudo isso, somamos ainda o conhecimento e a cultura indígena.

Semelhante ao espiritismo, possui comunicação entre médiuns e espíritos desencarnados, baseando-se na doutrina de Kardec, com relação aos estudos dos fenômenos mediúnicos e na crença da reencarnação e na evolução do espírito.

Do catolicismo, herdou principalmente o sincretismo com os Santos, pois, a todo o momento, os umbandistas reverenciam tanto os Orixás quanto esses Espíritos de altíssima elevação, que muito auxiliam em seus trabalhos.

Já dos cultos africanos, é notório que a Umbanda recebeu grande influência, principalmente através dos espíritos de negros escravos, os Pretos-Velhos, que trouxeram, em suas manifestações, muitos ensinamentos que serviram para incorporar, ao ritual, elementos que até então eram típicos, principalmente, do Candomblé.

Os indígenas (Caboclos) contribuíram com seu conhecimento sobre os vegetais sobre a manipulação de energias através da pajelança, usadas principalmente no combate às forças inferiores, na prática da cura etc.

Quanto à sua origem, a versão mais aceita entre os adeptos é a da manifestação do Caboclo Sete Encruzilhadas, em 15 de novembro de 1908, quando incorporado no ainda muito jovem Zélio Fernandino de Moraes, na sede da Federação Espírita do Rio de Janeiro. Porém, essa história não é uma unanimidade, pois existem autores que defendem que a Umbanda nasceu há muito tempo atrás, na lendária Atlântida, ou, ainda, que ela seja uma ramificação direta de cultos africanos que davam abertura à manifestação dos espíritos dos seus antepassados. Particularmente, acredito que, como forma de culto oficial, essa maravilhosa religião nasceu sim com o Caboclo das Sete Encruzilhadas, mas que, como força de atuação, desde dos primórdios da humanidade, até porque ela trabalha com as energias que regem a natureza.

E se a Umbanda, como culto oficial, passou a ser aceita como religião a partir do evento com Zélio de Moraes, não podemos esquecer das palavras do Caboclo, declarando que se iniciava, naquele momento, um novo culto em que estavam presentes os espíritos de velhos africanos, que haviam servido como escravos e que, desencarnados, não encontravam campo de ação nas seitas negras, já deturpadas e voltadas muitas vezes para os trabalhos de feitiçarias, e de índios, nativos de nossa terra, que por ela poderiam trabalhar em benefício dos encarnados, independendo da sua raça, credo ou condição social. Disse também que a prática da caridade, no sentido do amor fraterno, seria a característica principal desse culto, que teria, por base, o Evangelho de Cristo, e, como **Mestre Supremo, Jesus**. Entre as normas estabelecidas, seus participantes deveriam estar uniformizados de branco e o atendimento seria totalmente gratuito.

Aproximadamente na década de 50, um novo segmento, denominado *Umbanda Esotérica e Iniciática*, foi difundido principalmente por W. W. da Mata e Silva e seus discípulos, muito embora, anteriormente a isso, mensagens enviadas pelo Caboclo Mirim através do médium Benjamim Figueiredo, já falavam sobre essa escola umbandista.

O mais importante não é a nomenclatura utilizada, se Umbanda Branca, Mista, Esotérica, Iniciática ou Popular, mas, sim, seguir as máximas ensinadas pelo Mestre Jesus, Nosso Pai Oxalá: "Amai-vos uns aos outros" e "Fora da caridade não há salvação".

Candomblé

Religião de culto aos Orixás, praticada pelos negros africanos, que sobreviveu e ainda cresce nos dias atuais.

Nasceu da mescla das diversas culturas encontradas entre os povos trazidos ao Brasil, para servir de mão-de-obra escrava no período colonial. Essa mistura fez com que, aproximadamente, quinhentos Orixás cultuados no início fossem absorvidos em aproximadamente dezesseis Orixás, louvados nos tempos atuais.

Um fator importante para a sobrevivência do culto às proibições vindas da Coroa Portuguesa, onde, assim como em toda a Europa, o cristianismo imperava, foi a adoção do sincretismo, no qual os negros relacionaram seus deuses aos Santos Católicos.

As principais Nações encontradas são: Ketu, Jeje (ou Gege), e Angola, com algumas características próprias, como o dialeto, a hierarquia, e até a nomenclatura dos Orixás.

Xangô

Muito próximo ao Candomblé, é comum principalmente no Estado de Pernambuco, sendo também chamado de *Xangô de Recife* ou *do Nordeste*.

Batuque

Religião de culto aos Orixás, praticada principalmente no Estado do Rio Grande do Sul, fruto dos povos da Costa da Guiné e da Nigéria, com suas nações Gege, Ijexá, Oyó e Nagô. Surgiu no período de 1895 a 1935 e o principal responsável por sua difusão foi o príncipe africano Manoel Custódio de Almeida que, na África, tinha outro nome. Já pode ser encontrada em países vizinhos como o Uruguai e a Argentina. Entre os instrumentos utilizados, existe um tambor chamado **Inhã**.

Tambor-de-Mina

Difundida no Maranhão e na Amazônia. A palavra "Tambor" deriva da importância do instrumento nos seus rituais. Já "Mina" vem do negro da Costa de Mina, denominação dada aos escravos procedentes da "costa situada à leste do Castelo de São Jorge de Mina", conhecidos principalmente como negros mina-jejes e mina-nagôs.

Xambá

Atualmente, embora pouco cultuada, essa Nação ainda vive ativa na região de Olinda, no Estado de Pernambuco.

Omolocô

Difundido pelo Tata Ti Inkice Tancredo da Silva Pinto, é parecido com o Candomblé tradicional, mas com rituais próprios. Com base nos Orixás, tem feitura de santo, sacrifício animal e camarinha (roncó), porém também tem a incorporação de espíritos de caboclos, pretos-velhos e outras entidades da Umbanda tradicional. Alguns o classificam como **Umbanda Primitiva** ou **de Nação**.

O Atabaque

Constitui-se de um tambor cilíndrico, ligeiramente cônico e comprido, onde apenas a abertura maior é coberta por couro animal (de bode, carneiro ou boi).

Instrumento musical de percussão que pode ser tocado somente com as mãos ou ainda com baquetas (varinhas) especiais feitas de galhos de goiabeiras ou araçazeiros, chamadas *aguidavis*.

Seu nome tem origem árabe, **at-tabaq**, que significa "prato".

Descendentes africanos informam que os primeiros atabaques eram feitos de cerâmica. Depois passaram a usar troncos ocos de coqueiros e palmeiras, e só após algum tempo vieram a construí-los com a madeira da gameleira (árvore sagrada do Candomblé).

Pelos materiais utilizados em sua confecção, podemos notar sua importância nas religiões afro-brasileiras, pois temos, na madeira, o Axé de Xangô, nos aros de metal, a força de Ogum e Exu, e na pele de origem animal, a influência do Orixá caçador, Senhor Oxóssi.

Denominação e utilização dos atabaques

São classificados pelo tamanho, chamando-se Run, Rumpi e Lé. Existe também o Contra-Run, porém, esse é pouco utilizado:
Run: o maior deles, de tom grave. Seu nome significa, em iorubá, *voz* (ohùn) ou *rugido* (hùn).
Rumpí: menor que o Run e maior que o Lé, de tom mediano. O nome, também em iorubá, tem o "hùn" (rugido) mais o "pi" (imediatamente), ou seja, indica a sua posição na orquestra de atabaques.
Lé: é o menor do trio e tem o som mais agudo. O nome na língua Ewe faz alusão ao seu tamanho, pois significa *pequeno* (lee).

Nos terreiros, em especial no Candomblé, o Run é responsável pelo solo musical e variações melódicas. O Rumpi e o Lé possuem a função de dar o suporte musical e a manutenção constante do ritmo. Na Umbanda, nem sempre isso ocorre, pois normalmente os atabaques são tocados ao mesmo tempo, de forma muito parecida pelos instrumentistas, mudando, às vezes, de pessoa para pessoa, a forma de fazê-lo e a ordem das passagens (repiques) durante o toque, com igual êxito junto às divindades.

Os atabaques, também chamados de **Ilus, Angombas** ou **Engomas** na Nação Angola, como instrumentos sagrados que são, não devem sair do recinto do terreiro a menos que seja para uma obrigação religiosa, como, por exemplo, os trabalhos nas matas, nas praias e nas cachoeiras, ou, ainda, por algo que faça parte da tradição, como as visitas entre tendas conhecidas. Também não devem ser percutidos por pessoas não preparadas para esse fim, pois isso poderia acarretar numa "quebra de energias" existentes no instrumento ou ainda na transmissão de vibrações que não seriam benéficas à pessoa despreparada.

Seu som é condutor do Axé do Orixá. A vibração do couro e da madeira interagindo geram forças capazes de relacionar-nos diretamente com os mais altos (ou baixos) campos vibratórios, de acordo com a necessidade ou vontade daqueles que os fazem soar.

A afinação destes tambores tem como aspecto primordial: a diferença de tonalidades entre eles, vindo da grave (mais baixa) à aguda (mais alta). Para um bom equilíbrio, é importante que haja harmonia sonora, ajustando-os de acordo com as exigências da acústica local.

Instrumentos Auxiliares

Adjá: é uma sineta de metal, usada em especial nos Candomblés e nos Xangôs (Recife) de origem iorubá, cuja finalidade é chamar os filhos-de-santo para reverenciar os Orixás.

Agogô: significa *sino* em iorubá. É formado por uma campânula simples ou dupla de ferro, dotada de cabo, tocada por uma baqueta de madeira ou ferro. Existem também os de três ou quatro campânulas. O ritmo padrão normalmente é mantido, mas improvisações de variações podem ocorrer de acordo com os outros instrumentos.

Campa: sineta. Em alguns casos, é confundida com o adjá.

Ganzá: chocalho elaborado por um pequeno tubo fechado com sementes em seu interior. Também conhecido como *amelê*. Existem outros formados por pequenos cestos entrelaçados, feitos à mão, em cujo interior trazem areia ou pequenas pedras.

Caxixi: chocalho composto de fios de junco trançados com sementes ou conchas em seu interior, cujo fundo é feito de couro ou por um pedaço de cabaça.

Afoxé: é constituído por uma cabaça redonda que se afunila para formar o cabo. Tem contas de plástico trançadas em sua volta amarradas por fios.

Xequerê: também feito por uma cabaça, porém maior que o afoxé, daí transmitir um som mais forte, sendo que o lado maior da cabaça produz um tom grave. Posso citar três maneiras de tocar esse instrumento (assim como os afoxés): segurar a cabaça reta e sacudi-la para frente e para trás, o que produzirá sons agudos e curtos; com o cabo em uma mão, girá-la, e, com a outra, pressionar as contas, friccionará as mesmas contra o corpo da cabaça; ou ainda, sacudir a cabaça e tocá-la com a outra mão no corpo do instrumento.

Na orquestra ritualística, ainda podem ser encontrados o pandeiro, o berimbau e o reco-reco (estes praticamente não são utilizados).

Devo lembrar que tudo o que for usado nos rituais deve, primeiramente, ser preparado e **firmado** para que possa realmente ter sua força divina ativada. Qualquer instrumento (inclusive os auxiliares) sem o devido preparo ministrado dentro do ritual do Candomblé, ou por uma Entidade na Umbanda, não passa de um simples instrumento musical como muitos encontrados em bandas, orquestras, rodas de capoeira e grupos de afoxé.

Os Ogãs

Os ogãs têm um cargo hierárquico de alto escalão dentro de um terreiro, pois estão logo abaixo dos sacerdotes principais (Babalaô, Babá, Padrinho, Madrinha ou dirigente espiritual, bem como ao Pai ou Mãe-Pequena), sendo assim, por excelência, autoridades na casa, fazendo, de certa forma, parte do corpo sacerdotal.

Não é qualquer um que pode ser Ogã. Na Umbanda, normalmente são indicados pelas Entidades. No Candomblé, o Orixá é quem o indica, ou num termo mais utilizado, *o levanta*, passando esse a ser chamado de *Ogã Apontado* ou *Suspenso*. Sacerdotes de ambas as religiões, através da intuição, também podem determinar se uma pessoa será Ogã.

Os Ogãs também são elementos de extrema importância e confiança do líder espiritual. Possuem a capacidade de ativar energias, sendo então muito importantes para a força vibratória do terreiro, pois devem ser conhecedores de rezas e fundamentos de cada Orixá, além de saber a hora exata de entoar cada canto e toque, de acordo com a necessidade do trabalho.

Sacerdotes especialistas no louvor aos Orixás, guias e mentores, são responsáveis também pela alegria e vibração positiva do terreiro.

A Umbanda possui ensinamentos e fundamentos específicos para a formação e o fortalecimento dos Ogãs, confirmando assim o que Deus já consagrou, muito embora percebamos que, diferentemente do Candomblé, talvez por falta de conhecimento dos adeptos ou até mesmo do dirigente, em algumas casas, seu cargo tem um sentido de menor valor em relação aos demais membros da comunidade, o que não é verdade. Como dito anteriormente, são sacerdotes e assim devem ser tratados.

Existem diferentes denominações para esses "escolhidos" do astral, como Ogãs-de-couro ou instrumentistas, Ogãs-de-canto e Ogãs honoríficos.

No Candomblé, onde o cargo pertence somente a iniciados do sexo masculino, ainda encontraremos o *Ogã-Axogum* ou *Mão-de-faca*, que é o responsável pelos sacrifícios dos animais oferecidos aos Orixás, *Ogã-de-Ofá* ou *Mão-de-Ofá* (aquele que colhe as ervas para os rituais sagrados, normalmente são ligados ao Orixá Ossaim), *Ogã Lejo* e *Lere* (responsáveis por uma parte do "padê") e *Ogã-de-entrega* (leva as oferendas nos locais de assentamentos determinados pelos Orixás).

Títulos e Cargos dos Ogãs

Mesmo entre os Ogãs, existem denominações próprias de acordo com a função de cada um no terreiro, muitas vezes determinada pelo tempo de iniciação, ou, ainda, por ordem do mentor espiritual. São elas:

Ogã Alabê (ou Alabé): é o comandante dos Ogãs, responsável direto pelos atabaques e instrumentos auxiliares dentro da casa. Na Umbanda, normalmente é escolhido pelo guia chefe da tenda para essa função. Na hierarquia, é o terceiro sacerdote, ficando diretamente abaixo dos dirigentes.

Deve ser grande conhecedor da religião, suas ações e mirongas, além de também saber tocar todos os instrumentos musicais consagrados para os diversos rituais do terreiro.

Tem o dever de ensinar os Ogãs mais novos os toques e cânticos apropriados a cada sessão. O termo deriva do iorubá e significa *ala* (dono) *agbè* (tambor), ou seja, "dono dos tambores". Algumas casas subdividem esse cargo em duas categorias: **Otun-Alabê** (mais velho em iniciação e conhecimento) e o **Ossi-Alabê** (mais jovem), sendo que essa disposição só pode ser alterada pela morte de um dos representantes ou através da interseção direta do guia chefe do terreiro (ou do guia responsável pelos Ogãs).

O Alabê deve conhecer a magia dos pontos cantados, além dos toques corretos, sabendo utilizá-los no momento mais apropriado. Normalmente os Alabês possuem a facilidade de receber intuitivamente várias cantigas que deverão ser adotadas dentro das necessidades dos trabalhos espirituais.

A ele cabe a responsabilidade de preparar os instrumentos antes do início dos trabalhos religiosos, bem como o de fazer certas obrigações de reenergização dos mesmos, sendo que algumas delas são feitas em conjunto com os outros Ogãs.

Em muitos terreiros, o Alabê deve tocar o Run; porém essa não é uma Lei dentro do ritual umbandista. Se um Ogã que integra o terreiro for destinado à função de Alabê e já estiver acostumado a outro atabaque (Rumpí ou Lé), não será necessário proceder a troca de instrumento pelo fato de adquirir a função de chefia entre os Ogãs da tenda.

Na Nação Jeje o chefe dos Ogãs chama-se **Pegigã** (Senhor que zela pelo Altar Sagrado), e na Nação Angola, **Tata**.

Ogã Calofé (ou **Kolofé**): nome dado ao Ogã tocador de atabaques. Deve conhecer os toques e cânticos utilizados nos trabalhos, sua forma correta de aplicação e, também, dentro do possível, saber tocar os instrumentos auxiliares e cantar os pontos de acordo com as necessidades do terreiro.

Na hierarquia, está logo abaixo do Alabê e, na sua ausência, atua como seu substituto direto.

Na Nação Angola é denominado **Xincarangoma** e na Jeje como **Runtó**.

Os Calofés são muito importantes para o terreiro, pois fazem a marcação rítmica adequada a todos os cânticos ritualísticos.

Entre eles, a ordem hierárquica será determinada pelo tempo de iniciação de cada Ogã, ou, ainda, o tempo na casa.

Ogã Berê: em fase de iniciação e aprendizado. Vai, aos poucos, dentro de um certo período e de acordo com a confiança conquistada junto ao corpo de Ogãs, em especial ao Alabê, adquirindo conhecimentos como os toques, cantos, fundamentos e obrigações. Hierarquicamente está abaixo dos Calofés, ao lado dos Ogãs auxiliares.

Ogãs auxiliares: são aqueles que tocam os outros instrumentos que acompanham os atabaques, como o ganzá e o agogô. Devem ser tão responsáveis quanto os Ogãs-de-couro, pois seus instrumentos também são preparados e, por isso, tão consagrados quanto os tambores.

Ogã-de-canto (ou **Curimbeiro**): é o responsável pelos pontos cantados no terreiro. Deve ser um exímio conhecedor da magia dos pontos e seu uso correto, pois um ponto puxado de forma errada poderá acarretar sérios problemas num trabalho espiritual. Necessariamente não precisa saber tocar instrumento algum. Um Ogã de canto bem preparado, que conhece aquilo que faz, está num patamar hierárquico equivalente ao dos Ogãs Calofés.

Ogã honorífico: este título pode ser concedido a uma pessoa que não participe efetivamente da casa, mas que tenha importância na sociedade como um todo. É um cargo que não implica em nenhum tipo de iniciação.

Algumas casas têm o **Ogã-Obá** (ou **Ogã-Rei**), que é uma alta dignidade dentro do corpo de Ogãs. É um título honorífico, pois nem sempre participa do dia-a-dia da casa. Normalmente a pessoa recebe o termo acrescido ao nome do orixá correspondente ao guia mentor da tenda. Exemplo: Ogã-Obá de Oxalá, Ogã-Obá de Ogum, e assim por diante.

No **Candomblé** e demais **cultos de origem africana**, onde a utilização de sacrifício animal faz parte da maioria das obrigações, há um indivíduo que tem um papel fundamental: o **Ogã-Axogum**, popularmente conhecido como "Mão-de-faca".

Seu conhecimento é de extrema importância, pois deve saber qual o animal a ser sacrificado para cada Orixá, além de algumas das suas características, que são muitas vezes indispensáveis, como: a cor, o sexo, o número de patas, e assim por diante. A forma correta em que processa a matança também deve ser levada em conta, pois se o Orixá recusar a oferta, poderá cobrá-la em dobro.

Para cumprir com essa missão, antes de tudo deverá receber o *preceito de "Mão-de-faca"*, dentro de uma cerimônia especial.

É imprescindível que fique claro que o *Axogum* é um cargo que **não deve fazer parte na hierarquia de Umbanda**, até porque essa não é adepta ao sacrifício de animais, utilizando, em suas ofertas, outro tipo de matéria como, por exemplo, flores e frutos.

Importante: a ascensão dos Ogãs dependerá principalmente do seu conhecimento relacionado ao ritual e à liturgia umbandista (ou dos cultos afros). O mais importante é o Ogã ter amor, dedicação e buscar sempre o conhecimento. Lembre-se de que, humildemente, é o Ogã que deve pedir aos Orixás para que escutem nosso chamado e que tenham a misericórdia de respondê-lo, pois nada é mais prazeroso do que a vinda dos Orixás, guias e mentores à Terra para nos abençoar, trazendo o axé e o conforto de que tanto precisamos.

Outras Denominações dos Ogãs, Encontradas nas Diversas Nações Africanas

Mesmo entre as Nações de Candomblés provenientes da mesma região africana, a diferença entre a classificação de seus membros pode ser notada.

Aqui, apresento algumas maneiras com que os Ogãs são chamados nestas Nações:

Nação Angola-Congo (termos usados no Brasil)

Kambondo poko (Angola) – sacrificador de animais
Kivonda (Congo) – quem sacrifica os animais
Muxiki (Angola) – tocador de atabaque
Kuxika ia ngombe (Congo) – tocador de atabaque
Njimbidi – cantador, curimbeiro

Nação Bantu (inclui-se Angola e Congo)

Kambondos – Ogãs em geral
Kambondos Kisaba ou Tata Kisaba – responsável pelas folhas
Tata NGanga Lumbido – guardião das chaves do barracão
Tata Kivanda – responsável pelo sacrifício dos animais
Tata Muloji – preparador de encantamentos, usando folhas e cabaças
Tata Mavumbu – aquele que cuida da Casa de Exu

Nação Jeje

Além do Pegigã e do Runtó, outras denominações usadas são: Gaipé, Gaitó, Arrow e Runsó.

Nação Ketu

Iyamoro – responsável pelo Padê de Exu
Ològun – despacha os ebós das obrigações
Babalossayn – responsável pela colheita das folhas (Kosí Ewé, Kosí Orixá)

O Ogã e Sua Mediunidade

Eis uma frase muito comum nos terreiros: "Não sou médium, sou Ogã", ou então... "Ele não é médium, é só Ogã". Pois bem, aqueles que assim pensam, com certeza ficarão surpresos, pois posso afirmar que o Ogã tem mediunidade. O que lhe difere da maioria dos médiuns é que a mediunidade se manifesta através do "Dom Musical".

Quem nunca viu uma criança que, mesmo sem nunca ter assistido a uma aula de música ou percussão, sabe tocar vários ritmos, dos mais variados encontrados num terreiro, mesmo que inconscientemente ela não saiba o que está fazendo? Este é um fato até certo ponto comum entre famílias que são da religião.

Classificada como **Mediunidade de Lucidez Artística-Musicista**, age em especial nas mãos e braços (chakra braquial) em Ogãs-de-couro, ou nas pregas vocais (chakra laríngeo) nos Ogãs-de-canto. Quando preparadas pelas Entidades, estas regiões são irradiadas e iluminadas pelas forças astrais.

Como qualquer médium, veio a este orbe com uma missão predeterminada pelas forças superiores (Senhores do

Karma), para que nesta encarnação pudesse auxiliar no Exército de Oxalá, nosso Mestre Jesus Cristo, e dentro da magnitude de Deus, foi-lhe indicada a função de tocar e cantar para os Orixás Sagrados e para as Entidades que auxiliam na Umbanda.

Todo Ogã tem a obrigação de cuidar e de buscar o aprimoramento de seu dom, que é muito importante dentro de um terreiro, pois é ele o responsável pelo toque ou canto que vibrará na Aruanda, como um elo de ligação entre os membros da gira e as Entidades de Luz.

Seu desenvolvimento e crescimento mediúnico dependerão exclusivamente de si próprio, pela disciplina, força de vontade, fé e respeito para com as obrigações. Dessa forma, poderá, com o tempo, obter maior facilidade no aprendizado de novos toques, bem como terá aumentada a sua recepção intuitiva, usada pelos Guias na transmissão de novos pontos cantados a serem adotados nos trabalhos espirituais. Assim, já deixo claro que os Ogãs também podem manifestar mais de um tipo de mediunidade.

No Candomblé, nenhum Ogã pode manifestar Orixá, ou, numa linguagem mais comum ao povo-de-santo, não "bola no santo", bem como as Ekédis, que são as mulheres que cuidam do terreiro e de tudo relacionado aos Orixás. Se, por acaso, passam a desenvolver esta comunicação, mudam de cargo na hierarquia. Esta talvez seja a principal diferença entre o Ogã de Umbanda e o de Candomblé.

Na Umbanda, de certa forma, é natural encontrarmos Ogãs que, além do dom musical, possuem a mediunidade de incorporação. Lógico que fazem parte de uma minoria, porém é possível, pois as pessoas podem desenvolver vários pontos receptivos ao mundo da espiritualidade (chakras), muito embora, normalmente, desenvolvam um tipo de mediunidade mais marcante e outras de menor intensidade, além de algumas manifestações mediúnicas que podem ocorrer esporadicamente.

É importante salientar que, quando começam a sentir a irradiação de seus Guias, devem pedir autorização para deixar o atabaque e incorporar-se aos outros membros da gira, prevenindo assim acidentes ou outros problemas durante a sessão.

Muitas vezes, este pode ser o início de uma nova missão enviada do Astral, pois não é nada incomum encontrarmos dirigentes que um dia foram Ogãs-de-terreiro.

Outros tipos de mediunidade também podem se desenvolver (como de cura, intuição, vidência etc.), pois para Deus tudo é possível, mas é bom saber que não é a quantidade de dons que a pessoa possui que a fará melhor ou pior do que as outras. O mais importante é cumprir seu dever da forma mais correta possível, com amor no coração. Às vezes, um médium que ainda não descobriu o tipo de mediunidade que vibra com maior intensidade sobre si tem mais força que aquele cheio de dons, que não sabe usá-los, ou pior ainda, que não tem disciplina ou respeito por seus deveres espirituais.

Todo médium tem sua utilidade dentro do terreiro, desde os dirigentes, os cambonos e médiuns de incorporação aos outros auxiliares que ajudam na curimba ou ainda segurando alguém que poderia cair. Assim digo aos Ogãs para que levantem suas mãos aos céus e agradeçam a Zambi pelo dom divino que têm, pois é através de suas mãos e canto que os sons sagrados fluem na Aruanda dos Orixás.

Iniciação do Ogã

Existe uma grande diferença entre a iniciação do Candomblé e da Umbanda. Ambas são cerimônias muito especiais dentro do terreiro, com suas magias e mirongas, próprias de cada segmento.

No **Candomblé**, antes da iniciação, como foi dito anteriormente, o Ogã será escolhido pelo Orixá, sendo então chamado de **Ogã Levantado**, pois nesta ocasião ele senta numa cadeira especial e é erguido para que todos o vejam como "o indicado".

No dia da iniciação, recolhe-se o iniciando pela manhã na camarinha, com corpo limpo e vestes brancas, após um banho de Abô.

Primeiro despacha-se Exu e ele senta numa cadeira de costas para a rua. Cantando para o Orixá do iniciado, sacrifica-se uma ave para seu Olorí e o ejé (sangue) do animal deve gotejar na coroa (cabeça), na pedra de cada Orixá e nas mãos (palma e costa). Depois sacrifica-se outra ave, agora para seu Eledá e repete-se o ritual. Feito isso, sai do Roncó, sob um Alá seguro por quatro filhos do terreiro, e uma volta completa em torno do Abaçá é percorrida. Logo após, as pedras dos Orixás são levadas para o salão e o iniciado presta o juramento de servir à religião, ao Orixá, ao sacerdote e ao terreiro. Um obí é triturado e levado, um pouco, à boca do filho e o restante, com água, é despejado em suas mãos. Assim está feito o juramento e às expensas do Ogã é servido o *majé jé um* (alimento), na folha de papel e sem talher, numa grande festa que ele assistirá, sentado na cadeira de braços.

A partir daí, todos terão a obrigação de lhe tomar a bênção. Este ritual pode mudar de acordo com a Nação de cada terreiro ou Ilê.

Já na **Umbanda**, normalmente ele é informado por um Guia de sua missão. Se o indivíduo ainda não foi um Ogã de outro terreiro, deverá, antes de tudo, aprender os toques e as cantigas com os Ogãs mais antigos, em especial, com o Alabê. Um Ogã portador de dom natural terá grande facilidade para aprender o mínimo necessário antes do dia de sua integração do grupo de afins da casa.

A pessoa então deve se preparar para a cerimônia de **cruzamento na pemba**, onde, somente a partir daí, estará apta a participar da engira. Essa preparação é passada pelo Guia Mentor da casa, incluindo banhos, novenas, ou outras obrigações, de acordo com o fundamento do terreiro.

No dia estipulado, o iniciando, depois de cumprir as obrigações que lhe foram passadas, vai ao terreiro, com sua roupa branca e as guias (colares, fio-de-contas) referentes aos Orixás da casa. O Guia Mentor é quem faz toda a cerimônia. Cruza-se com a pemba a testa, o coração, as mãos, os pés e a coroa da pessoa. Tudo ocorre ao som de um ponto cantado próprio para o momento.

Iluminado com uma vela, o iniciando prestará o juramento de fidelidade a Oxalá e ao terreiro e de respeitar ao Pai ou Mãe-de-Santo, ao Pai ou Mãe-Pequena, ao Alabê, aos Ogãs e a todos os outros participantes da engira. Essa parte é igual para todos os outros médiuns.

A segunda parte, própria da iniciação do Ogã, pode ser feita pelo Mentor ou ainda por uma Entidade especialista que é responsável pela iniciação, firmeza e axé dos Ogãs. O Alabê é chamado, bem como os outros instrumentistas que compõem a *orquestra da tenda*. Todos elevam as mãos, fornecendo energias, enquanto a Entidade faz a preparação das mãos do noviço com pó de pemba, ao mesmo tempo em que profere um engorossi (prece) sagrado, em sua língua nativa.

O Alabê coloca suas mãos sobre as do iniciando, e o Guia Espiritual celebrante envolve-as com o pó de pemba, unindo-as energeticamente.

Depois o Guia (ou às vezes o Alabê) escolhe qual dos atabaques que o novo Ogã utilizará. O instrumento é levado ao centro da gira e preparado para que o recém-admitido também possa tocá-lo. Mais uma vez o pó de pemba é usado. Ele toca no tambor escolhido, seguido depois pelo Alabê, e finalmente é acompanhado pelos outros Ogãs do terreiro.

A Entidade o abraça, seguida no gesto pelo Alabê e pelos demais Ogãs. A seguir todos os outros participantes da casa também o saúdam, dando-lhe boas-vindas.

Não existe a obrigatoriedade de tomar sua bênção, mas o respeito a ele deve ser cumprido, por tudo que já foi passado anteriormente nesta obra.

Os rituais podem mudar de terreiro para terreiro, pois sabemos que a Umbanda não é uma religião que segue uma codificação, um modo de agir igual em todas as tendas, até porque trabalham com mentores que possuem conhecimentos e fundamentos diferentes; porém, na Umbanda, não existe o recolhimento na camarinha ou Roncó e por ser uma religião cristã, muito menos deve-se sacrificar animais na iniciação de qualquer filho-de-santo, não sendo diferente quanto aos Ogãs.

Depois de preparados e cruzados, rituais de confirmação e fortalecimento são realizados pelo Guia Mentor dos couros, como, por exemplo, o **Bori de Ogã**, que só acontece tempos depois de a pessoa estar no cargo, demonstrando sua capacidade e lealdade tanto à religião quanto ao terreiro. Por ser uma obrigação secreta, não tenho permissão para passar a maneira em que ela é feita; porém deixo claro que, diferentemente do Bori feito no Candomblé, neste não existe sacrifício animal.

Comportamento e Disciplina

Conforme já foi citado, o Ogã é um médium com cargo sacerdotal dentro do ritual umbandista. Sendo assim, qual deve ser a sua postura?
Sua conduta precisa pautar-se na lisura e na retidão. Lógico que os Ogãs, bem como todos os outros médiuns, possuem uma vida própria e têm o direito de aproveitar as coisas boas que ela lhes oferece. Porém é sempre bom lembrar que, certas atitudes e principalmente, alguns ambientes, não são condizentes com pessoas que possuem uma abertura à recepção e transmissão de energias.
Médiuns de modo geral obrigam-se a evitar o uso constante de palavras de baixo calão, bem como freqüentar locais como bares, casas de jogo, prostíbulos, pontos de drogas e tantos outros lugares afins, já que, neles, as vibrações negativas são constantes devido à presença de espíritos atrasados, verdadeiros "vampiros astrais" que estarão sempre prontos a sorver o máximo de energia dos que lá estiverem.
Um Ogã que freqüenta esses locais "pesados" poderá trazer uma carga negativa para dentro do terreiro. Sem contar

o perigo que seria ele tocar o atabaque, pois suas mãos, que são os elos de ligação com o Mundo Espiritual, poderiam irradiar energias desastrosas, abrindo uma entrada para seres dos mais baixos Planos dos Umbrais.

Dentro da casa, ele deve dar o bom exemplo disciplinar. Como certas obrigações devem ser feitas antes do início dos trabalhos, é aconselhável que, dentro do possível, ele também se antecipe à chegada dos outros médiuns, para que haja total concentração e tranqüilidade neste momento tão importante ao bom andamento da sessão. O inverso deve ocorrer nas obrigações realizadas depois do ritual litúrgico, onde os outros médiuns saem do recinto sagrado para que os Ogãs possam ficar a sós. Toda obrigação deve ser realizada sem pressa, com muito cuidado e respeito.

Nas dependências da engira, o Ogã deve estar concentrado naquilo que faz, evitando conversas alheias aos trabalhos realizados.

O respeito às Entidades é primordial. Quando uma delas estiver passando uma mensagem aos membros da casa, os atabaques devem ser silenciados, de modo que se facilite a compreensão de todos. Os Guias têm muito a nos ensinar; por isso, ouça e aprenda.

Deve ser **PROIBIDO** o uso dos couros por pessoas embriagadas, pois estas não estarão aptas a uma boa concentração, sem contar que, muitas vezes, sequer vão conseguir tocar o ritmo correto.

Também não deve ser permitido que os Ogãs toquem tambores de outros terreiros sem uma autorização prévia do Mentor da casa, do Guia responsável por eles, ou ainda do Alabê e do dirigente espiritual. Sair por aí tocando um couro aqui e outro ali, poderá acarretar num grande problema, pois, como já foi falado, cada terreiro tem seu fundamento e sua forma de trabalhar. Não custa nada avisar previamente da pretensa visita e solicitar ao seu responsável que lhe explique

que medidas devem ser tomadas para sua proteção antes e depois de tocar em outro terreiro. Agindo de acordo com as instruções recebidas, aí sim estará apto a fazer seu toque de forma que não traga *quizilas* nem para si próprio e nem para o instrumento de sua casa. Se você já conhece a casa visitada e sabe que se trata de um lugar sério, onde não estaria correndo nenhum risco de envolvimento com cargas negativas, e se não houver jeito de permanecer como um mero expectador, caso seja convidado a assumir um dos instrumentos, solicite ao seu Mentor (em pensamento) para que lhe dê proteção e depois faça um banho de descarrego para se livrar de possíveis cargas ou miasmas que possam vir a se impregnar em sua aura.

A hierarquia funcional deve ser respeitada, sendo que, entre aqueles que possuem o mesmo cargo, o mais novo na função deverá sempre respeitar e acatar as orientações do mais antigo, pois ele já reúne maior experiência e se encontra melhor adaptado e integrado aos fundamentos do terreiro.

Além do regulamento interno, normalmente encontrado nas tendas e que deve ser obedecido, pode também existir um outro exclusivo para o corpo de Ogãs. Este deve ser elaborado pelo Alabê, incluindo das mais simples obrigações até deveres quanto à manutenção dos instrumentos.

Saudações aos Orixás e Linhas

É dever de todo Ogã saber as saudações corretas aos Orixás e outras Linhas que atuam na Umbanda. Elas podem diferenciar de terreiro para terreiro porque existe mais de uma para cada Corrente, de forma específica.
Segue abaixo a lista dos Orixás e povos com suas respectivas saudações:

- ZAMBI: Zambi-iê!
- TUPÃ: Tupã-iê!
- OXALÁ: Exê-Babá!, Epa-Babá!, Exê-uê-Babá!
- OXÓSSI: Okê-Caboclo!, Okê-Arô!, Okê-Bambi-o-clime!, Okê-Odé!
- YORIMÁ ou IOFÁ: Adorei as Almas!, É pras Almas!
- OGUM: Ogunhê!, Ogunhê meu Pai!, Ogum-iê!, Batacorê (Patacori) Ogum!
- IEMANJÁ: Odô-siá!, Odô-sia-bá!, Odô-iá!, Odô-fê-iabá!
- OXUM: Aieieô Mamãe Oxum!, Oraie-iê-ô!

- IANSÃ: Eparrei!, Eparrei-Oiá!
- NANÃ: Saluba Nanã!
- XANGÔ: Caô-Cabiecilê!, Kawo-Kabyecilé!
- IBEJI ou YORÍ: Amin-Ibejí!, Ori-Ibejí!, Amim-Bejada!, Salve os Anjos!
- OBALUAÊ ou OMULU: Atotô!
- BOIADEIROS: Jetruá!, Xetuá!, Xetruá!, Xêto-Maromba-Xêto!
- BAIANOS: Keodé a Bahia!, É pra Bahia!, Odê-o-dé Bahia!
- MARINHEIROS: Mari-Babá!
- ORIENTAIS: Ori-Babá!
- ALMAS: Adorei as Almas!, É pras Almas!
- EXÚ: Laroiê!, Exú é Mojubá! Exu-ê!
- POMBA-GIRA: Laroiê Bombo-Gira!, Tala Talaia!

Outros Orixás

- OSSAIM: Eu-eô!
- OXUMARÉ: Arô-Boboi!, Arô-Moboi!, Aô-Boboi!
- TEMPO: Tempo-iô!
- OBÁ: Obá-xireê!
- LOGUNEDÉ: Logun!, Ou-oriki!

O termo SARAVÁ, ou SALVE, poderá substituir todas as saudações, e ainda deve ser usado quando for saudar a Umbanda, o Divino Espírito Santo, a abertura e encerramento dos trabalhos etc. Assim, quando houver necessidade de saudar alguém, algum ritual ou uma linha qualquer, e não se souber a forma correta, deve-se fazer uso desses termos que estarão plenamente de acordo com a exigência, pois uma saudação funciona como uma espécie de mantra sagrado que nos comunica diretamente com o Astral; daí a importância de não inventarmos termos e louvações. Sendo o SARAVÁ ou SALVE genéricos, vibram direto na Aruanda, permitindo que as Entidades das mais diversas linhas possam ouvir o nosso chamado.

Saudações Especiais

Além das saudações às Entidades e seus respectivos Orixás, existem outras especiais que seguem abaixo:

- CONGÁ: Adubalê-Peji! (para bater cabeça no Congá)
- DEFUMAÇÃO: Cheirou na Umbanda!
- BABALAÔ ou YALORIXA: Auê-Babá!
- PAI-PEQUENO: Auê-Miri-Babá!
- MÃE-PEQUENA: Auê-Miri-Cy!
- OGÃ: Ogã-nilu!
- A UMA GRAÇA RECEBIDA: Adobá!
- PEDIDO DE PERDÃO: Maleime!
- PEDIDO DE LICENÇA: Agô!
- LICENÇA CONCEDIDA: Agô-iê!
- AO CHEGAR EM UMA CASA: Okê-Olorum!
- AO SAIR DE UMA CASA: Olorum-Didê!

Pontos Cantados

Tudo no Universo vibra e evidentemente possui um som próprio.

Verdadeiros mantras, os pontos cantados põem em movimento ondas vibratórias, produzindo assim uma maior afinidade entre os planos da matéria e do espírito.

Através de pesquisas científicas, já ficou provado que os sons possuem uma freqüência peculiar, têm cor e emitem, atraem ou dissipam certas energias.

Assim, podemos afirmar que os pontos ou "curimbas" são verdadeiras preces cantadas que mostram a fé e a magia da Umbanda, bem como despertam a harmonia vibratória de uma gira, dinamizando forças da natureza e fazendo-nos entrar em contato com as Forças Celestiais que nos regem. São, sem nenhuma dúvida, importantíssimos para a harmonização e a eficácia dos trabalhos dentro do terreiro.

Esses cânticos não devem ser entoados apenas da boca pra fora, mas sim, com a "voz do coração". É preciso, antes de tudo, sentir em sua Alma aquilo que está sendo entoado.

Tamanha é a importância dos pontos cantados que encontramos, por aí, diversos templos umbandistas que não adotam o uso de instrumentos, mas apelam para as batidas de palmas a fim de facilitar sua cadência. Outros nem isso adotam, mas todos, sem exceção, utilizam-se destas cantigas e suas irradiações, às vezes entoando-os num ritmo diferente, mas com a fé necessária para vibrar a energia cósmica por eles gerada.

Quando uma Entidade ensina um ponto aos membros do terreiro, este é chamado de **raiz**, e não deve de forma alguma ser modificado, pois possui uma ligação direta com o Guia que o passou. Aliás, sequer conseguimos nos lembrar de muitos desses cânticos depois de terminados os trabalhos espirituais, pois foram entoados para um motivo em especial, uma mironga ou, ainda, uma louvação da Entidade aos Orixás. Para os demais que nos são ensinados, é nosso dever usá-los da forma mais correta possível. Às vezes, esse ponto de raiz é transmitido por intuição e posteriormente confirmado pelo Guia responsável por sua inspiração ou ainda pelo Mentor da casa.

Quanto aos pontos cantados, cuja autoria pertence à alguma pessoa ligada à Umbanda, e que têm a finalidade de louvar ou ajudar a casa, esses são aceitos pelo Plano Espiritual, desde que se tenha tido o cuidado, bom senso e fé em sua elaboração.

Em certos lugares, infelizmente, deparamo-nos com uma variedade de "curimbas" sem nexo, que chegam a assustar, tamanha a falta de sentido em suas mensagens moldadas, com frases ilógicas, sem o menor fundamento espiritual, ridicularizando a própria religião. Isso sem contar com terreiros que resolvem cantar músicas populares como se fossem pontos sagrados (excetuando-se, naturalmente, os pontos de terreiro que posteriormente foram gravados por cantores profissionais; obviamente estes podem e muitas vezes devem ser usados dentro do ritual).

Existem curimbas com as mais diversas finalidades: de abertura e encerramento dos trabalhos, para defumação, para bater cabeça (saudar o altar), para louvar linhas e Orixás, para quebrar demanda, para cruzamento de um médium na Lei-de-Pemba, para coroação (confirmação), para cura, para o ritual do Amací (banho de ervas para revitalização da mediunidade) e tantos outros conforme for a necessidade.

Assim, segue uma breve explicação de alguns tipos de pontos usados durante uma sessão umbandista:

- **Pontos de louvação:** cantados em homenagem aos Orixás, Guias e Mentores espirituais.

- **Pontos de saudação:** para homenagear a religião, o Pegí (Altar, Congá) ou ainda em homenagem aos sacerdotes, Ogãs ou outros convidados do terreiro.

- **Pontos de firmeza:** solicitam as energias provenientes do Astral Superior.

- **Pontos de descarrego:** cantados durante as defumações, os passes, os descarregos da casa ou ainda nas limpezas fluídicas através de trabalho com *fundanga* (pólvora). Este último utilizado para quebra de energias negativas ou a destruição de larvas astrais que às vezes se impregnam no corpo áurico de determinados indivíduos.

- **Pontos de chamada:** entoados para a evocação das Entidades de Luz que deverão se manifestar nos trabalhos espirituais por meio de incorporações mediúnicas, ou simplesmente pelo espargimento de suas energias sobre os campos vibratórios dos terreiros.

- **Pontos de demanda:** usados para "quebrar" uma força negativa que queira agir sobre o terreiro. Muitos desses pontos são de raiz, pois as Entidades sabem, mais do que ninguém, o que é necessário para se anular as energias do mal.

- **Ponto sotaque:** é um desafio, ou um alerta que indica que alguém (encarnado ou não) mal-intencionado está presente nos trabalhos (pode ser um visitante ou, pior ainda, um adepto da casa). Muitos destes pontos, de forma indireta (ou não), deixam claro que a pessoa (ou espírito maligno) deve se retirar do local.

- **Pontos cruzados:** são cantigas que irradiam energias de duas ou mais linhas diferentes ao mesmo tempo.

- **Pontos de subida:** entoados para que as entidades desincorporem de seus médiuns, indo ao *Oló* (embora), ou seja, fazendo seu *Achirê* de forma harmoniosa.

- **Pontos de encerramento:** cantados no final da sessão.

- **Pontos especiais:** para visitar uma casa, para agradecer uma visita, para um Amací etc.

- **Cantigas das folhas:** objetivam agilizar o axé contido nas espécies vegetais. Mais usado no Candomblé.

Quanto aos pontos do povo da esquerda, principalmente quando atuamos com Exus de Lei, é importante evitar aqueles que têm muito mais o objetivo de impressionar ou assustar o público do que uma real função espiritual. Aliás, muitas destas cantigas, ao invés de vibrarem boas energias, contribuem para a atração de impurezas astrais, chamando os Quiúmbas (espíritos malévolos) para o ambiente do terreiro e não verdadeiros Exus, que ali estariam se os pontos adequados fossem entoados. Quando pronunciamos algo que fala de "forças do Inferno, morto que geme, Exu que mata" etc., ou ainda utilizamos palavras de baixo calão ou duplo sentido voltado à sexualidade, não podemos trazer boas energias. Cabe especialmente ao Ogã usar a curimba correta para que se alcance a perfeita firmeza dos trabalhos ao qual está se propondo.

De acordo com as linhas, as freqüências sonoras mudam no plano espiritual, conforme destacado abaixo:

- Linha de Oxalá: predispõem à paz e coisas do espírito.
- Linha de Oxóssi: harmonia da natureza.
- Linha de Ogum: vibrações fortes.
- Linha de Yorimá: dolentes, às vezes melancólicos.
- Linha de Xangô: graves e baixos.
- Linha de Iemanjá: suaves, renovando o emocional.
- Linha de Ibejís: alegres, predispõem ao bom ânimo.

Na Umbanda, os pontos são cantados em português, ou numa mescla deste com dialetos indígenas ou africanos. Já no Candomblé são pronunciados de acordo com a Nação base do Barracão, sendo as mais conhecidas a do Ketu ou a de Angola, ressalvando que, nesta última, encontramos também alguns cânticos entoados na língua portuguesa, em especial nas chamadas Roças de Caboclos, onde trabalham os Caboclos Boiadeiros e alguns Caboclos de Oxóssi.

No ritual do Candomblé, para cada momento ou ritual existe uma cantiga correspondente. Aí então teremos pontos para Padê de Exu, para raspagem de cabeça de uma iaô, para a catulagem, para os sacrifícios, para a saída da camarinha, e para muitos outros tantos cultos ou tradições existentes nessas organizações religiosas.

Terminando este capítulo, espero ter deixado claro que o ponto cantado é **sagrado** e deve ser usado no momento correto, transmitindo as energias certas de acordo com o motivo do trabalho e que se for entoado na hora errada poderá acarretar sérios problemas para um bom desempenho da sessão religiosa.

Toques e Ritmos

Existe uma grande variedade rítmica encontrada num terreno. Na Umbanda e no Candomblé de Angola os atabaques são tocados somente com as mãos, enquanto que no Candomblé Ketu em muitos ritmos utiliza-se o aguidavi, que é uma baqueta (varinha) especial para o uso litúrgico.

No Candomblé, normalmente, cada toque corresponde a um Orixá em especial, até porque está diretamente ligado à sua dança; porém, na Umbanda, essa diversificação costuma ser usada para todas as linhas vibratórias, mudando conforme a necessidade do ponto cantado.

Os mais comuns são:

- **Adabi** ou **Ego**: ritmo sincopado dedicado a Exu. Significa "bater para nascer".

- **Adarrum**: invocatório de todos os Orixás, porém mais usado para Ogum. É um ritmo apressado, forte e contínuo e pode ser usado sem canto. Muito bom para propiciar o transe mediúnico.

- **Aguerê:** em iorubá significa "lentidão". Cadenciado quando dedicado a Oxóssi e mais rápido para Iansã.

- **Alujá:** toque rápido de características guerreiras. Dedicado a Xangô, também utilizado para que uma entidade desincorpore do médium. Significa "orifício" ou "perfuração" em iorubá.

- **Batá:** tocado com as mãos, é atribuído a Xangô, embora também possa ser dedicado a outros Orixás. Pode ser Batá lento ou rápido, de acordo com as características da dança executada.

- **Bravum:** não é atribuído a nenhum Orixá em especial. Relativamente rápido, bem dobrado e repicado.

- **Igbim:** execução lenta com batidas fortes. Descreve a viagem de um ancião. É o toque de Oxalufã (Oxalá Velho) no Candomblé.

- **Ijexá:** cadenciado e tocado somente com as mãos. Calmo, balanceado e envolvente, é relacionado a Oxum.

- **Ilu** ou **Daró:** atribuído a Iansã, é rápido e de cadência marcada. Sempre é percutido com aguidavis.

- **Opanijé:** ritmo pesado, quebrado por pausas e relativamente lento. Lembra a circunspeção do Orixá das epidemias, ligado à terra, Obaluaê.

- **Rufo:** repiques graves e constantes. Pode iniciar um outro toque e também serve para produzir uma irradiação constante no terreiro.

- **Runtó:** de origem Fon, executado com cânticos a Obaluaê, Xangô e principalmente Oxumaré.

- **Sató:** vagaroso e pesado, é tocado para Nanã, a senhora das iabás (Orixás Femininos).

- **Vamunha:** tocado para todos os Orixás. Rápido, é executado em situações particulares como a entrada e saída de filhos-de-santo no barracão (Candomblé) e para a retirada do Orixá.

Alguns desses toques citados são encontrados num terreiro de Umbanda, que ainda possuem outros como: **barravento, cabula, congo,** e **samba-angola**. Todos são tocados com as mãos. São ritmos rápidos, bem "dobrados", repicados e que possuem variantes. De modo geral são usados para a interação com todas as divindades.

Tanto no Candomblé de Angola quanto na Umbanda, poderemos ainda encontrar outros toques como: **angoba, congo de caboclo, congo de ouro, samba cabula, "quebraprato", umbanda angola, ika, São Bento Grande, olodum** e **qüenda**.

Os atabaques e os instrumentos auxiliares devem estar integrados, na mais perfeita sincronia musical.

Os Ogãs obrigam-se a aprender o maior número possível de ritmos, facilitando a harmonização entre canto e toque, pois é terrível ouvirmos uma melodia em que as palavras não se ajustam corretamente aos sons produzidos pelos instrumentos, sem contar que as vibrações a que elas se destinam sempre acabam sofrendo alterações que redundam em sérios problemas na ligação com os Seres de Luz. Para evitar esse tipo de contratempo, um bom conselho é o treinamento, ou seja, o ensaio habitual entre aqueles que fazem parte da curimba da casa.

O som produzido pelo bater das palmas também ajuda na marcação e produz uma forte irradiação no local. Assim, o bom senso determina que os integrantes da engira aprendam a acompanhar cada toque do Ogã, criando uma harmonia geral entre canto, instrumentos e palmas, completando o conjunto de sons que vibram com as forças dos Orixás.

Cobertura dos Atabaques

Quando não estão sendo empregados nos cultos, os tambores devem estar cobertos pelo *Dossel de Oxalá*. Esse tecido deve ser na cor branca, pois é a que traz as energias divinas representativas de Oxalá, o Mestre Supremo.

O ato de cobri-los é, acima de tudo, um sinal de respeito aos instrumentos de maior vibração do terreiro, que só devem ser descobertos no momento em que for iniciado seu uso no ritual litúrgico ou em certas obrigações.

Um atabaque danificado (com a pele rasgada, por exemplo), também deve ficar coberto até que o problema seja sanado.

Antes de abrir qualquer couro, os Ogãs devem ter a confirmação de que a firmeza já foi preparada pelo Alabê (ou outra pessoa autorizada).

O Dossel pode ficar junto ao tambor do Ogã-chefe, ou ainda ser guardado cuidadosamente durante todo o período da sessão.

Ao término dos trabalhos, os instrumentos voltam a ser cobertos, ao som de um ponto cantado próprio para a ocasião.

Outras coberturas são os chamados *Laços dos Orixás*. Estes envolvem cada atabaque e devem ser nas cores correspondentes do Orixá que comanda cada tambor. Assim, o couro de Oxossi terá seu laço na cor verde, o de Ogum é vermelho, de Oxalá é branco e assim segue de acordo com os fundamentos de cada casa.

Existem tendas cujos tambores são destinados a um único Orixá, ficando assim todos os laços na mesma cor.

Além de indicar qual é a força que o rege, o pano adorna e esconde certos amuletos, firmas e outras proteções que não devem ficar expostos.

Obrigações Ritualísticas

A partir deste capítulo, seguiremos com algumas das muitas obrigações realizadas pelos Ogãs. Estas são extremamente importantes para o equilíbrio vibratório dentro do terreiro.

Em sua grande maioria, são simples, mas envolvem em torno de si uma magia maravilhosa que recai sobre os instrumentos sagrados.

Diferem-se nos rituais, pois possuem finalidades próprias. Existem obrigações para trocar um couro, para energizar um instrumento, para dar proteção, para realizar um trabalho na mata, e assim de acordo com as mais diversas necessidades encontradas.

Mais uma vez quero deixar claro que só estarei passando aquilo que me foi permitido, mas que, além destes aqui ensinados, outros tantos modos são utilizados nos diversos templos umbandistas encontrados por esse mundo afora, cada um com seu fundamento próprio, com seu sistema de acordo com os ensinamentos de seus mentores espirituais.

Firmeza dos Atabaques

Esta obrigação muitíssimo simples deve ser feita pelo Alabê, ou, na ausência deste, por um outro Ogã autorizado, ou ainda pelo dirigente espiritual.

Sua realização precisa se dar antes que outros médiuns adentrem ao recinto da gira, principalmente porque, o fato de estar sozinho e não sofrer interrupções no momento da tarefa, facilita bastante a sua concentração.

O único material necessário é um defumador em tablete.

Defumam-se os atabaques, saudando, em cada um deles, seu Orixá correspondente. O defumador aceso deverá ser colocado embaixo do Run (o maior) de modo que a fumaça possa entrar no atabaque. Normalmente esse instrumento refere-se ao Orixá ligado ao Guia Mentor espiritual da casa, por isso a firmeza é feita nele, independente de ser ou não o couro do Alabê.

Terminada esta etapa, reza-se um Pai-Nosso e uma Ave-Maria (ou outra oração de sua preferência), pedindo a Oxalá e às Forças Superiores como os Orixás, Guias e Mentores, para que envolvam esses instrumentos com muita luz, a fim de criar um elo de ligação entre nós (médiuns) e as mais Altas Esferas Celestiais. Solicita-se também forças para que possam quebrar as demandas, protegendo a casa das correntes negativas.

É muito importante que, no momento em que estiver fazendo seus pedidos, o Ogã se entregue totalmente, pois falando com o coração aberto, as palavras sairão de forma natural, mostrando que neste momento já está ocorrendo todo um envolvimento com as energias divinas.

Para o próximo trabalho, as cinzas devem ser despachadas na rua, antes de preparar o novo defumador.

Cruzamento do Couro

Quando um Ogã for cruzado no terreiro e um atabaque for a ele destinado, existirá, a partir daí, uma troca de energia entre ambos, ou seja, é como se um fosse uma extensão do outro.

Porém, isso não lhe dá o direito de chegar e ir tocando o tambor sem nenhuma preparação anterior. Em primeiro lugar, deverá estar limpo de corpo e mente para poder usar um instrumento sagrado. Depois, já caracterizado com sua roupa branca, deve, antes de tudo, dirigir-se ao Congá e bater cabeça, solicitando aos Orixás e em especial a Oxalá para que lhe dê muita força, permitindo assim que cumpra sua missão. Só então irá de encontro ao seu instrumento.

Se o couro estiver coberto pelo Dossel, deve pedir licença ao Orixá para descobri-lo. Quando for o último atabaque a ser aberto, entregar o Dossel para o Alabê.

Usando três folhas de guiné (ou outra planta qualquer, de acordo com o fundamento do terreiro), cruzará o couro e suas mãos, pedindo aos Orixás forças para que somente boas energias vibrem durante os trabalhos litúrgicos.

Com isso, o Ogã estará ativando essa energia e reforçando justamente esse elo de ligação entre eles, fazendo com que, no momento do toque, essa luz única se torne uma grande fonte de vibrações positivas, trazendo as forças necessárias para uma melhor atuação das Entidades que vêm de Aruanda para atuar na nossa Umbanda.

Energização

Assim como existe o **Amací** (banho de infusão de ervas), que serve para equilibrar e energizar a coroa dos médiuns, existem também outras formas de trazer mais forças aos instrumentos e às mãos dos Ogãs.

Essas obrigações podem ser feitas mensalmente, a cada três meses, ou a critério de cada Alabê; porém, é muito importante que sejam realizadas.

Fora do horário da sessão (pode ser logo no término dessa), fecham-se as cortinas e ocorre o ritual onde somente os Ogãs devem estar presentes. Se a casa não usa cortinas ou se essas permitem a visão interna da gira, a obrigação deve ser realizada em outro dia.

Cada um dos elementos, na posse de seus devidos instrumentos, deverá, em frente ao Congá, elevá-lo mais ou menos à altura da imagem de Oxalá, solicitando para que qualquer carga negativa ainda presente no couro seja dissipada e levada para o fundo do mar de nossa Mãe Iemanjá, e que as forças positivas possam envolvê-lo trazendo as energias de todos os Orixás, em especial daquele que o comanda.

Após essa parte, com os tambores nos lugares de costume, coloca-se pó de pemba nas mãos de seus respectivos responsáveis e também sobre o couro de cada atabaque, deixando que ali permaneça até a próxima sessão espiritual.

Uma outra forma é a captação de energias dos Astros. Os atabaques e outros instrumentos, quando colocados sob a luz do Sol e da Lua, recebem as forças universais, que produzem um perfeito equilíbrio. Essa prática funciona tal qual os pólos positivo e negativo que, juntos, vão gerar a "Luz Divina" emitida por esses quando utilizados com fins litúrgicos. Para isso, coloque os instrumentos num local aberto (não pode estar chovendo), ou onde incida luz direta destes Astros. Acenda uma vela branca ou da cor vibratória do Orixá dono do couro, e peça-lhe com fervor que o descarregue e reenergize a fim de que seja útil para o templo e principalmente que se equilibre com as luzes de Deus (Zambi, Tupã, Olorum...), criador de todo o Universo.

Importante: não realize este trabalho no período da Lua Minguante, pois essa, ao invés de enviar, vai sim, retirar energia do instrumento. Dê preferência à Lua Crescente ou Cheia.

Todas essas obrigações podem ser feitas também com os instrumentos auxiliares, de forma que possam reter e preservar as boas vibrações captadas do Plano Universal.

Para energização das mãos, é muito bom colocá-las sobre o altar, com as palmas voltadas para cima, e pedir a Oxalá que as iluminem, permitindo que sua mediunidade se desenvolva melhor a cada dia, e que tenha sempre uma boa intuição, firme e segura para o bom cumprimento de sua missão. O Congá de um terreiro bem firmado pelos Orixás possui uma energia própria, reforçada pelas forças celestiais e é essa energia que devemos absorver.

Lavá-las com a seiva pura de certas plantas também faz com que elas se renovem. As ervas mais usadas são: arruda, guiné, espada-de-são-jorge, mangueira ou outros vegetais relacionados aos Orixás.

Alimentar os Atabaques

Dentro do **Candomblé**, os atabaques, além de instrumentos sagrados, são considerados como a própria representação do Orixá, e significam, muitas vezes, o Olorí e o Eledá (Anjos da Guarda) do chefe do terreiro.

Assim, os couros têm tratamento especial como se fossem verdadeiros Orixás e precisam ser purificados e alimentados, conforme mostra a velha tradição, num ritual que deve ser renovado todo ano.

Dentro do Aliaxé, os tambores em pé são lavados com água benta ou da chuva. Depois, unta-se com apô (azeite-de-dendê), com mel e finalmente deixa-se cair um pouco de ejé (sangue) de uma ave sacrificada no ritual.

Terminada esta parte, deita-se cada um deles numa esteira nova ou em folhas de coqueiro.

A Yabassê (cozinheira) poderá então tirar os axés (cabeça, asas, patas, cauda, fígado, coração, moela e rins), prepará-los sem sal e servi-los em tigelas aos Orixás donos dos atabaques. Se existir algum destinado a Exu, este deverá comer na casa de Exu.

Permanecem assim por doze horas no Roncó do Aliaxé. Depois, são levantados para o toque geral chamado Xirê, onde canta-se numa grande festa a todos os Orixás. Sabedores que somos de que, devido à sua base cristã, a **Umbanda não deve utilizar em seus rituais o sacrifício animal**, apenas a parte da purificação dos couros, com água-benta ou da chuva, poderá ser feita pelos seus Ogãs. O "reforço" ou o "alimento" dos tambores usados na Umbanda pode ser feito através das obrigações já mencionadas.

Descarregar o Couro

Para retirar as energias que possam ficar imantadas no tambor, além dos ensinamentos anteriores, ainda podemos lavar o couro com água do mar, pois sabemos que esta tem um grande poder de "quebrar" forças negativas.

Após a lavagem, o atabaque deverá ficar sob a luz do Sol, secando. Já a água deverá ser despachada.

Outra forma é deixar de uma noite para outra, ou melhor ainda, de um trabalho para o outro, um vasilhame (copo ou quartinha) com água (de preferência da cachoeira, mas pode-se usar a água tratada que recebemos em casa), com um pedaço de carvão. A água é grande condutora e o carvão (mineral ou vegetal) tem muita facilidade em absorver energias.

Antes do início da outra sessão, despache todo o conteúdo do vasilhame e lave-o em água corrente, antes de preparar novamente a defesa.

Troca de Couro

Um atabaque, ou qualquer outro tambor com o couro rasgado, não deve ser utilizado de forma alguma, pois não produz bons sons e, conseqüentemente, atrapalha as vibrações do terreiro.

Porém, trocar um couro de um instrumento sagrado requer todo um ritual. Deve-se pedir Agô (licença) ao Orixá dono do instrumento, acendendo-se uma vela em seu nome.

Essa pele rasgada deverá ser despachada junto à natureza, de preferência dentro de uma mata (recinto natural do Senhor Oxóssi).

Coloca-se o couro coberto com pó de pemba ao pé de uma árvore. Acende-se uma vela ao Guia Mentor dos Ogãs da casa, solicitando sua proteção. Uma segunda vela deve ser acesa a Oxóssi, pedindo licença para despachá-lo em seu território sagrado, e finalmente uma terceira, ao Orixá dono do couro, pedindo que todas as energias nele contidas possam ser dissipadas.

A pele nova, depois de colocada no atabaque, deverá ficar coberta por pó de pemba durante três dias, antes de novamente ser firmada pela Entidade responsável, e somente depois disso é que o tambor poderá ser novamente percutido nas sessões litúrgicas. Lembre-se: um couro não preparado não terá força alguma junto às Esferas Positivas do Astral.

Trabalhos Junto à Natureza

São muito comuns na Umbanda os trabalhos externos em locais comandados pelos Orixás, como as matas, praias, cachoeiras e pedreiras.

Para podermos atuar nesses campos sagrados, certas saudações devem ser feitas antes de adentrá-los e cabe aos Ogãs entoá-las, com caráter de obrigação, pois além de louvarem, deverão também pedir a proteção durante todo o tempo que lá estiverem.

Muitas são as formas de solicitar essa permissão e proteção; porém o importante é não esquecer de fazê-las antes de penetrar num território que não nos pertence, mas sim aos Orixás e seus falangeiros que lá têm seu ponto de vibração.

Nas matas e cachoeiras

Os terreiros costumam ir às **matas** a fim realizar os trabalhos dedicados ao grande Orixá Oxóssi e seus maravilhosos Caboclos. Para entrar, deve-se agir da seguinte forma:

Na "boca da mata", ou seja, na entrada, todos os médiuns do terreiro, reunidos, devem saudar e pedir licença ao Exu da Mata, conhecido também como Exu da Boca da Mata, pois ele é o guardião e sentinela que cuida desse local (Macaia). Terminada a primeira etapa, os médiuns do terreiro seguem na frente, permanecendo, então, os Ogãs, na retaguarda, pois cabe a eles a conclusão de mais algumas obrigações.

Estando a sós, cantam agora para os Caboclos Boiadeiros, que são Entidades muito ligadas a esses médiuns e que também atuam sob o comando do Orixá da fauna e da flora. A cada cantiga pedem forças, segurança e boas energias para os instrumentos, assim como para aqueles que os farão vibrar (os Ogãs), durante todo o tempo que ali permanecerem.

Por fim, canta-se ao Orixá Oxóssi, solicitando suas energias e sua bênção a todos do terreiro.

Nas **cachoeiras**, as louvações são entoadas para a Corrente do Povo das Águas, em especial à Mamãe Oxum, dona da água doce, dos rios e das cascatas, e a Xangô, que é o Orixá das pedreiras, mas que também atua nas cachoeiras.

Trabalhos na praia

Outra festa muito comum é a que se dedica à Iemanjá. Realizada na praia, denominada pelos Umbandistas de "Calunga-Grande", reúne milhares de adeptos em todo o litoral brasileiro (e até de outros países).

Porém, tal como a mata é moradia de muitos espíritos e a eles pedimos licença para atuar em seu campo vibratório, também nas praias isso não se dá de modo diferente.

Essa é uma obrigação que deve ser feita somente pelo grupo de Ogãs, sem a necessidade da participação de outros médiuns. Pode-se fazê-la no momento em que as pessoas estiverem atarefadas, preparando o local onde acontecerão os trabalhos espirituais.

Visualizando, a partir da área à beira da rua, até o mar, divide-se, imaginariamente, a areia em três partes.

Na primeira fração, correspondente à parte mais seca do areal, enterram-se os três atabaques até a altura do primeiro aro. Feito isso, os Ogãs cantam em louvor a Ogum Beira-Mar, pedindo-lhe que dê muita força, tanto aos instrumentos quanto para todo o terreiro.

Retirados os tambores, segue-se mais à frente, até os limites da segunda área. Repete-se o procedimento, porém agora, direcionando os cânticos ao Exu Maré, de modo que, com sua falange, possa protegê-los, livrando-os da ação das forças malignas que possam se dispor a causar perturbações. Lembrem-se que, para cada campo de vibração natural, há sempre uma legião de Guardiões incumbidos de resguardá-los; portanto, assim como o Exu da Mata vigia a macáia de Oxóssi, o Exu Maré é sentinela do "Reino das Águas Salgadas".

Finalmente termina-se o ritual, na parcela mais próxima ao local onde as ondas chegam. E com o bojo menor dos atabaques soterrados junto às águas, canta-se para Iemanjá, Rainha dos Mares, solicitando permissão para a realização dos trabalhos nos limites de seu reino, e pedindo que envie suas irradiações positivas, envolvendo a todos com as emanações salutares existentes em seu campo vibratório.

Guias e Colares

Como já sabemos, os instrumentos consagrados trabalham numa troca constante de energias com o Astral. Porém, nem sempre apenas as boas vibrações recaem sobre eles.

Muitas vezes o tambor funciona como uma espécie de pára-raios, atraindo forças que certamente atrapalhariam o terreiro, e apesar de toda a preparação, firmeza e proteção que neles possam existir, ainda assim, seus operadores poderão sofrer certas influências.

E aí é que se verifica o verdadeiro sentido da necessidade das guias (colares). Assim como o dirigente espiritual tem uma guia especial, preparada de acordo com sua posição hierárquica, os Ogãs também deverão tê-las, devidamente firmadas e moldadas de forma a identificá-los conforme o grau ou função ocupados na casa.

Procure saber com seu Mentor Espiritual a maneira correta de preparar esses "fios-de-contas". Muitas vezes, quando os montamos tendo como material de preparo miçangas de cristal, louça ou simplesmente plásticas (estas últimas menos recomendáveis), a **Guia de Ogã** deverá ter as cores correspondentes aos Orixás que vibram nos três couros da casa. Por exemplo: se os tambores são dedicados a Oxalá, Ogum e Oxóssi, os colares terão contas brancas, vermelhas e verdes. Se forem de Oxalá, Xangô e Iemanjá, elas serão nas cores branca, marrom e azul, e assim de acordo com o fundamento de cada couro.

Dê preferência aos produtos naturais (sementes, pedras, conchas); porém, na impossibilidade, não há nenhum problema se você usar as miçangas, pois todas as guias deverão ser irradiadas e preparadas pelas Entidades antes de serem utilizadas, caso contrário, terão o mesmo poder de uma bijuteria qualquer, ou seja, nenhum.

Deve ficar cruzada na altura do tórax, com um colar de Exu, para que o Ogã esteja guardado dos dois lados, ou seja, na direita e na esquerda, promovendo o equilíbrio necessário para a segurança da casa e dele próprio.

Importante: na Umbanda, a guia de Exu não deve ser colocada passando-a pela cabeça, ou seja, pela coroa do médium, mas de baixo para cima, ou seja, pelos pés. Isso serve para qualquer médium, pois Exu não cuida da coroa, deixando essa responsabilidade para os Guias de Luz dirigidos pelos Orixás, ou seja, as Entidades comumente denominadas pelos umbandistas como "de direita". Não que os Exus, especialmente os *de Lei*, não possuam luz própria, mas apenas porque esses são auxiliares diretos das outras Linhas e não donos de coroa de médiuns umbandistas.

Além dessas duas guias em especial, os Ogãs deverão usar outras conforme as orientações dadas pelas Entidades Espirituais, tendo em mente que a função por elas exercida é exclusivamente de imunização e proteção aos que delas fazem uso e jamais para sua ornamentação.

Demanda Entre Ogãs

Demanda é a ação contra algo ou alguém.

Graças a Deus é cada vez mais raro se encontrar alguém que saiba, realmente, fazer aquela "demanda forte", que antigamente era comum ocorrer entre o "povo-de-santo". Atualmente, existem mais aqueles que, movidos pela vaidade e pela inveja, "demandam" contra os outros, valendo-se da emissão de fluidos negativos formados por ondas mentais e sentimentos inferiores, do que realmente usando a combinação de segredos mágicos, cujas forças se encontram no Astral Inferior. Por isso, devemos tomar o máximo cuidado com essas pessoas, pois a inveja e o mau-olhado são males tão nocivos que, por vezes, podem exercer uma ação muito mais eficaz que qualquer feitiçaria ou influência de espíritos vingativos e obsessores.

Note que eu disse que é mais raro, porém ainda existem aqueles que têm o conhecimento da "mironga" empregado para o mal.

E onde entram os Ogãs neste ponto? Por serem sacerdotes, eles precisam adquirir diversos conhecimentos; porém, infelizmente, muitos deles os aproveitam não só para se defender das forças negativas, mas também para ativá-las.

Um tocador mal-intencionado é capaz de "derrubar" uma casa, ou seja, de formar tamanha confusão (quizila) dentro de um terreiro que certas vezes consegue fazer com que algumas velas tombem, causando até um princípio de incêndio (daí nasceu a expressão: "botar fogo no Congá"). E de que jeito ele consegue isso? Ora, os tambores tanto são capazes de chamar as Entidades de Luz quanto os espíritos mais atrasados. Tudo depende da forma como ele toca o couro e de sua vontade.

E existe proteção para tais inconveniências?

Lógico! É aí que os Ogãs da casa, quando firmes no pensamento, preparados e protegidos por aqueles que fazem sua segurança, atuam contra esse "serviço sujo".

Daí vem a importância da firmeza, das obrigações, das proteções e de uma boa intuição dos "mãos-de-couro" da casa. Quando o atabaque está bem vibrado pelas forças dos Orixás, dos Mentores de Luz, normalmente quem se dá mal é aquele que está querendo demandar, pois as energias negativas recaem sobre ele. É a famosa *Lei do Retorno*, que no caso, invariavelmente é imediata.

Então, irmãos, não caiam nessa armadilha, geralmente preparada por Quiúmbas, que vendo despertar a vaidade e a prepotência no médium, e reconhecendo-lhe certa fragilidade, o utiliza, abusando de seus canais de vibrações afins, transformando-o em mais um infeliz escravo de sua legião.

Adquirir conhecimento é fundamental para todos, em especial ao Ogã. Porém saber direcionar esse conhecimento em prol do amor e da caridade, atuando contra o mal, é o grande objetivo das Forças da Umbanda.

Paga de Ogã

Existe em alguns terreiros, especialmente nos Ilês de Candomblé, a chamada **Cerimônia de Felebê**. Essa caracteriza-se pela arrecadação de dinheiro dos adeptos e visitantes, num pano branco colocado diante dos atabaques, ao som de uma cantiga apropriada.

Todo o dinheiro é repartido entre os Ogãs que atuaram naquele trabalho, sejam eles da casa ou convidados.

Às vezes, um Ogã vai a uma Festa de Santo já com "cachê" cobrado. Há ainda os que ficam "correndo-gira"; são os famosos "goteiras", ou seja, aqueles que vão de um terreiro ao outro (pingando aqui e ali), sem que venham a se firmar ou se comprometer com nenhuma casa, visando apenas a obtenção do lucro financeiro.

Particularmente, discordo dessa atitude.

Se ele, pela misericórdia de Deus, adquiriu graciosamente sua faculdade mediúnica, não se justifica tirar proveito material através de seus préstimos numa cerimônia litúrgica. Aquele que assim agir, mais dia, menos dia, poderá ter seu Dom suprimido em função desse abuso.

Lembre-se das palavras de Jesus, o Mestre Oxalá, conforme descrito no Novo Testamento: (Mateus, 10.15-15) "... de graça recebeste, de graça dai" e Lucas (6.27-36) que recomenda: "... fazei o bem e emprestai sem esperar nenhuma paga; será esse o vosso galardão...".

Além de estar errado, quem assim age está correndo um grande perigo, pois levado pela ganância e pelo intuito de ganhar dinheiro, não leva em conta o local, o fundamento e o tipo de trabalho que está prestando. Um dia toca numa tenda de Umbanda, outro num Ilê de Candomblé, ou ainda num terreiro de Quiumbanda, servindo sua mediunidade para tudo o quanto é tipo de trabalho, e para as mais diversas finalidades. Convém refletirmos sobre a infalível *Lei do Retorno*, e do envolvimento com energias negativas, que poderá atrair para si, pois a intenção escusa cria bloqueios contra a proteção que lhe seria ofertada pelos Espíritos de Luz.

Mulheres nos Atabaques

Existe uma grande discordância entre os adeptos, com relação ao uso dos tambores pelas mulheres.

Muitos alegam que elas não poderiam usar os instrumentos sagrados por ficarem de "bajé" (termo que significa menstruada).

Pois bem, no Candomblé isso faz parte da tradição e vem sendo respeitado através dos tempos, por isso não entrarei neste mérito. Apenas respeito.

Porém, na Umbanda, um indivíduo do sexo feminino tem totais condições para ser uma atabaqueira, sem problema algum. Se considerarmos que os Ogãs têm um Dom Divino, uma faculdade mediúnica musical, esta não vem com o gênero, mas sim com o espírito e este por ter origem na essência Divina, não tem sexo.

É óbvio que certos cuidados precisam ser tomados. Quando a mulher está menstruada, **não deve tocar o atabaque**. Aliás, não convém sequer participar da engira, ficando do lado de fora, na assistência. Isso inclusive se aplica a todas as mulheres que participam da casa. E por quê? A mulher no período menstrual poderá sofrer com a dismenorréia (cólicas e dores abdominais). Além disso, em alguns casos, as diversas alterações hormonais influenciam diretamente no seu estado emocional, sendo que muitas mulheres apresentam transtornos antes mesmo do início do ciclo – a chamada TPM – (Tensão Pré-Menstrual). Outro fator importante é que, algumas médiuns, devido à perda constante de sangue, sentem uma ligeira fraqueza, associada, às vezes, a um quadro de anemia. Somando-se a tudo isso, existe ainda a preocupação com sua higiene (a troca constante de absorventes higiênicos), que conseqüentemente provocam **desconcentração (total ou parcial)**, interferindo diretamente no seu desempenho na função.

Casos Verídicos

Descreverei alguns acontecimentos ocorridos com Ogãs que, de certa forma, podem ilustrar boa parte do que foi passado nesta obra. Por questão de ética religiosa, em alguns casos, os nomes dos personagens serão mudados ou mantidos sob sigilo.

1º) Uma belíssima provação

Este fato ocorreu com um Ogã de nossa casa, chamado Rogério.

Convidado por uma amiga a assistir uma festa num terreiro de Candomblé aqui em São Paulo, ele aceitou, até por se tratar de uma homenagem aos Caboclos.

Lá chegando, pelo fato de não conhecer ninguém da casa, sentou-se quieto num canto, de onde poderia ter uma melhor visão dos acontecimentos.

O toque "corria solto" e incorporado no Babalorixá do Ilê, o Caboclo Boiadeiro, Seu Gentileiro, fazia seu "pé-dedança". De vez em quando, dirigia o olhar ao nosso Ogã, que, meio sem jeito, não compreendia os motivos, quando, de repente, a Entidade pára na sua frente, e pergunta se ele estava assustado. De pronto, Rogério respondeu que não e que, pelo contrário, se sentia muito bem, pois a festa estava excelente.

O Caboclo então perguntou se ele não queria se sentar ao lado dos atabaques, já que ele também era Ogã-de-couro. Impressionado com a afirmação, o jovem Ogã agradeceu e salientou que estava satisfeito em observar os trabalhos ali mesmo onde estava, permanecendo no mesmo lugar.

Foi aí que veio a surpresa. Seu Gentileiro, com um belo sorriso e de forma taxativa falou: "Sei quem manda em você! Ele também trabalha comigo! O Caboclo Boiadeiro da Jurema está aqui ao meu lado e permite que você entre e sente junto aos nossos couros".

Ele mal podia acreditar no que estava ouvindo, pois realmente quem cuida dos Ogãs de nossa casa é essa Entidade, que inclusive já havia dito que trabalhava tanto na Umbanda quanto nas Roças de Candomblé. Além disso, outro detalhe chamou a atenção: sabedor de que o fundamento de nossa casa é muito diferente, o Boiadeiro o convidou a estar junto aos demais Ogãs, porém sem que viesse a tocar um instrumento, de modo a não provocar um choque energético em suas mãos, visto tratar-se de um iniciante na missão de Ogã-de-couro.

Foi uma grande prova para ele e para todos nós da APEU, até porque o Rogério jamais havia estado lá e ninguém sabia sequer que ele era Ogã.

Salve o Caboclo Boiadeiro da Jurema!
Mentor Espiritual dos Ogãs da APEU.
Xêto-Marromba-Xêto

2º) Belo exemplo!

Numa linda noite, dois Ogãs de nossa casa, o Sidney e o Rogério, foram visitar um terreiro de Umbanda, pois haviam sido convidados por um amigo, que naquela casa também era "mão-de-couro".

Num determinado momento, foi chamada a Linha dos Pretos-Velhos, e como visitantes de uma tenda umbandista, foram encaminhados à Vovó, que se achava incorporada na dirigente.

Ela aplicou-lhes os passes e perguntou se não iriam tocar um pouco, deixando os atabaques à disposição. Eles agradeceram ao convite, e justificaram a recusa, alegando que, infelizmente, ainda não haviam sido autorizados a manipular instrumentos em outras casas.

Foi aí que a sábia Entidade sorriu e voltando-se para seus Ogãs, bem como para os demais médiuns de sua gira, disse: "Parabéns! A 'nêga véia' já sabia, mas queria que vocês servissem de exemplo a todos. Quando uma Entidade de sua casa lhe dá uma ordem, ela deve ser respeitada. Sejam sempre bem-vindos à esta Tenda e saibam que, quando tiverem a permissão, nossos couros estarão à sua disposição, pois vocês são verdadeiros filhos de fé e demonstram respeitar as Leis Sagradas da Umbanda".

3º) Efeitos físicos

Entre as várias manifestações espirituais, existe uma categoria classificada como de *Efeitos Físicos*. Tal categoria se define no fato de os espíritos, utilizando-se do ectoplasma, que é uma energia densa, eliminada principalmente por médiuns, poderem promover certos fenômenos diretos sobre objetos inanimados, como movimentar ou produzir sons.

Este caso ocorreu há muitos anos, na sede da APEU.

Ao término da sessão, estávamos todos conversando na área externa do terreiro, quando, de repente, ouvimos bem alto, o som dos atabaques.

Nosso dirigente pediu então para verificarmos quem estava tocando, pois os trabalhos já haviam encerrado e ninguém tinha autorização para tocá-los após o fechamento da engira.

Grande foi nossa surpresa quando, ao abrirmos as cortinas que separam a assistência do setor de trabalhos mediúnicos, percebemos que não havia ninguém (materialmente) mexendo nos instrumentos, e que, embora ainda estivessem cobertos, todos ainda ouviam um toque maravilhoso sendo entoado, cujo som, digno de um Ogã de "mão-feita", de um antigo Alabê, era originado em seu interior.

Porém, quando outras pessoas, pasmas pelo acontecimento, começaram a chegar para testemunhar de perto que o tambor estava tocando sozinho, ele silenciou.

Na sessão seguinte ficamos sabendo pelo Mentor da casa que se tratava de um espírito trazendo mais axé e mais forças para nossos instrumentos.

Tal manifestação, vez por outra, ocorre em nosso terreiro e ficamos muito felizes em saber que estamos resguardados por Entidades que nos auxiliam com sua luz e suas boas energias, fazendo-as vibrar sobre os tambores consagrados aos Orixás.

4º) O Ogã que queria demandar

Essa história ocorreu na praia, há aproximadamente vinte anos.

Durante um bom tempo, um Ogã, cujo nome não será revelado, como convidado, tocou os couros de nossa casa, muito embora não fizesse parte efetiva da corrente mediúnica da tenda. Como ele tinha uma boa relação, em especial, com o dirigente do terreiro, e realmente era um grande conhecedor "da arte", deixando-se à disposição da casa, às vezes lá comparecia para cumprir sua missão e louvar aos Orixás.

Certa noite, todo o grupo da APEU foi à Praia Grande, no Litoral Paulista, a fim de realizar o festejo em Louvor a Iemanjá. Nessa época, a casa já contava com seus próprios Ogãs; entretanto, ele insistiu em participar, pois também queria aproveitar o evento para agradecer à grande Rainha do Mar.

Nosso dirigente, em acordo com o Alabê, deu-lhe a autorização; porém, sabedores de que tal Ogã gostava de bebida alcoólica, alertaram-no de que, naquele dia, deveria abster-se do seu vício, visto que, se o fizesse, não poderia tocar nos nossos atabaques, até porque não adotamos o uso de bebidas alcoólicas em nossos rituais.

Após concordar com a norma, o infeliz, ao perceber que ninguém o estava vigiando (visto que se tratava de um adulto), foi a um bar próximo e rapidamente tomou sua "cachacinha". Tudo teria dado certo se nosso "Chefe-dos-Couros" não tivesse percebido sua "escapadela".

Quando o Ogã rebelde voltou, foi informado de que, por haver infringido o regulamento, não poderia participar tocando o couro naqueles trabalhos. O homem, então, ficou furioso. Queria brigar, xingou, esperneou, mas, ao perceber que aquela atitude não o ajudaria a conseguir a permissão, passou a chorar como se fosse uma criança inconformada, pois, de qualquer maneira, se dispunha a tocar para a Orixá, ainda que fosse necessário pedir *maleime* para a Santa e para o Mentor do terreiro, o Caboclo Ubatuba.

Mais uma vez, tanto dirigente quanto o Alabê, piedosos e compreensivos, permitiram-no fazê-lo, sob a condição de limitar-se a "tirar o som" no Rumpí (tambor central).

Aí ele esbravejou, alegando que não era Ogã para ficar entre dois novatos (nosso Alabê ainda era muito jovem e o outro era justamente eu, ainda menino). Percebendo que não seria aberta mais nenhuma exceção, acabou concordando com a ordem e os trabalhos foram iniciados. Logo a seguir, movido pelo inconformismo, este Ogã começou a demandar contra o nosso terreiro, puxando pontos, sotaque e outras coisas mais.

Só que ele não contava que, através das Entidades Instrutoras do nosso grupo, sabíamos nos defender e, como atentos sentinelas, resguardar o terreiro contra nossos desafiantes.

Valendo-nos das "mirongas" por nós aprendidas, como se fosse um passe de mágica, por mais que ele forçasse, seu couro foi ficando com um som cada vez mais baixo, causando-lhe muita irritação, pois gostava de fazer o "couro falar" e soar mais alto que todos os demais. O mais intrigante é que, quando ele reclamou, tanto eu quanto o Alabê, sem nenhum esforço, tocamos o instrumento e, para sua surpresa, o som saiu lindo, alto e maravilhoso.

Percebendo seu erro, coube a ele apenas pedir *maleime* (perdão) e resignar-se no posto enquanto via transcorrer as homenagens à Mãe Sereia, sem se satisfazer e poder mostrar todos os seus dotes de um "Ogã de mão-feita", dos quais muito se envaidecia.

5º) Desrespeito e castigo

Este caso também aconteceu com o Ogã da história anterior.

Mesmo depois das contrariedades ocorridas na praia, esse indivíduo, que era um típico "goteira", foi conosco a um trabalho nas matas. De certa forma, apesar de ser um tanto empolgado, ele era muito respeitado, inclusive por nosso

Mentor, pois, como dito anteriormente, antes da casa ter seus próprios atabaqueiros, emprestou-nos seus dons, muito embora ele soubesse, pelo próprio Mentor, que não se incorporaria de forma efetiva ao grupo de Ogãs do terreiro caso não mudasse sua maneira de se conduzir e de cuidar da própria mediunidade.

Voltemos então às matas.

Estávamos arrumando o terreiro: uns apanhavam folhas para forragem do chão, outros adornavam o congá, feito com troncos de árvores, ou ainda faziam suas obrigações ou oferendas aos Orixás daquele ambiente. O único que não ajudava era justamente ele, que preferiu ficar batucando, com intenção de mostrar, não sabemos a quem, os diversos toques que sabia executar (todos já o conheciam).

As pessoas já estavam irritadas com o seu procedimento. Assim nosso dirigente, com muita paciência e respeito, solicitou-lhe que silenciasse os atabaques e se dispusesse a ajudar os outros médiuns, uma vez que o tempo corria e quanto mais gente cooperasse, mais rápido seriam iniciados os trabalhos espirituais.

Indiferente, com sua conhecida indisciplina, continuou tocando, agora mais alto ainda.

O Babalaô mais uma vez pediu silêncio, e alertou-o de que, caso ele continuasse com aquela insubordinação, com certeza seria repreendido por uma Força Maior – a do próprio Orixá das Matas, Senhor Oxóssi.

Foi quando o ouvimos dar o último toque, seguindo-se do silêncio. Não porque o Ogã decidira acatar o pedido do dirigente, mas, sim, pelo fato de o couro haver se rompido, de tal forma que ficou imprestável, inutilizado por completo, forçando-o a parar de imediato com sua teimosia.

Embora tivesse ficado abismado ao verificar que a pele do instrumento havia rasgado, furioso tentou assumir o tambor que eu tocava, até porque eu ainda era simplesmente um menino, o que o fez imaginar que poderia levar vantagem sobre a minha fragilidade. Entretanto, teve seu intento impedido pelo dirigente e pelo Alabê e, assim, permaneceu o resto do dia em meio à mata, ouvindo os toques tirados pelos demais Ogãs espalhando-se por entre os arvoredos, sendo aconselhado a refletir a respeito da atitude tomada por ele e sobre a ação imediata do "Dono da Macaia", ao mostrar-lhe que não se brinca com a Umbanda, nem com o Poder e a Força de qualquer Orixá.

Lembrem-se de que: tudo tem o momento certo e motivo justo para acontecer.

O respeito ao Sagrado deve estar acima da nossa vontade.

6º) Mulher "mão-de-couro"

Uma moça, visitando uma vidente, foi informada de que tinha missão para tocar atabaque num terreiro.

Surpresa com o comunicado, não concordou, até porque sempre ouvira dizer que tal cargo era exclusivamente masculino, mas, mesmo assim, resolveu confirmar sua veracidade num terreiro de Umbanda.

Conversando com o Caboclo que comandava a casa, obteve a confirmação.

Depois dos trabalhos, foi então conversar com o dirigente que, intrigado, pois também não sabia que mulher poderia ter "mão-de-ogã", resolveu levá-la a três Ilês diferentes, para que os búzios "falassem" a respeito, o que foi prontamente confirmado, mesmo sem que os Babalorixás soubessem o motivo de sua visita.

Hoje ela é uma grande Ogã, ou, para aqueles que não aceitam essa denominação para mulheres, uma maravilhosa atabaqueira de Ogum, que com sua bela mediunidade é capaz de chamar os Orixás através dos diversos toques aprendidos e tem admirável zelo pelos couros consagrados.

7º) Larvas astrais

Há alguns anos, um grande mistério começou a acontecer com as guias dos médiuns de nosso terreiro. Elas começaram a se romper de forma inexplicável, ou seja, eram cortadas, porém as sementes que as compunham não se soltavam do fio. Parecia até uma incisão cirúrgica, com um leve toque de objeto cortante (informo que pelo regimento interno da APEU, os colares dos médiuns utilizados nos trabalhos espirituais não são levados para casa, ou seja, ficam pendurados na parede da engira da tenda, em cabides individuais, a fim de se manter em campo vibratório).

Pois bem, depois que várias guias já haviam sido partidas, minha guia de Alabê começou a ser atingida. Eu chegava na sexta-feira, na hora dos trabalhos, e tive a triste surpresa. Depois de remontá-la várias vezes, nosso Mentor Espiritual pediu que eu a colocasse em torno do meu atabaque. Porém, na sessão seguinte, lá estava ela, "quebrada" e com as contas penduradas.

Mais uma vez repus seus elementos no lugar e entreguei-a ao Caboclo Ubatuba, nosso Mentor, para que fosse novamente firmada. Nessa ocasião, a Entidade recomendou-me que a colocasse junto ao axé de proteção do Caboclo Boiadeiro da Jurema (Mentor dos Ogãs), o que foi feito na mesma hora.

Na semana seguinte, quando fui fazer as obrigações para firmeza dos couros, tive uma visão nada agradável: centenas de larvas estavam saindo de dentro das sementes e dos búzios que formam minha guia de Alabê.

Deixei tudo do jeito que estava e esperei pelo Caboclo Ubatuba que, ao se manifestar no terreiro, nos deu a seguinte explicação: as guias danificavam-se devido a uma demanda que atuava contra nossa casa e os espíritos que as afetavam, como grandes conhecedores da magia, sabiam que anulando a proteção do Alabê, seria bem mais fácil "derrubar" os outros Ogãs, o que fatalmente destruiria um dos principais pontos de segurança e evocação das Forças dos Orixás, facilitando-lhes o objetivo malévolo de fechar, definitivamente, as portas de mais um Templo de Luz e pregação da caridade.

As larvas eram exatamente essas forças negativas, materializadas a fim de que conhecêssemos a verdade e obtivéssemos o aprendizado de o quanto é importante a manutenção dos canais vibratórios que servem de sustentáculo a uma tenda umbandista.

Depois de quebrada a demanda e feita a purificação do ambiente, com mais alguns cuidados ensinados aos Ogãs, nunca mais tivemos nenhum problema semelhante.

8º) Nunca empreste um instrumento sagrado

Esta história passou há mais de 40 anos.

Um Babalaô, hoje desencarnado, embora trabalhasse com ótimos Guias e fosse um exímio benzedor, na prática como dirigente umbandista, ainda não demonstrava um grande conhecimento.

Aproveitando-se de sua boa-fé, um Ogã que já havia participado de seu terreiro e, no momento, atuava em outra tenda, naquela ocasião tomou emprestado seu atabaque para tocar na nova casa durante uma comemoração de Orixá que lá aconteceria, comprometendo-se a devolvê-lo no dia seguinte.

Entretanto, o dirigente da tenda em questão apropriou-se do instrumento, e nunca mais o devolveu.

Depois de um longo período de espera e de verificar que nenhuma manifestação ocorria no sentido de receber novamente o que lhe pertencia, o Babalaô, na companhia de meu pai (que então era médium de gira e Ogã-de-canto) resolveu visitar o tal terreiro para pedir o atabaque de volta.

Recebidos pelo "pai-de-santo" desonesto, foram avisados de que poderiam pegar o couro, mas iriam levá-lo "quizilado" e que certamente acabariam se dando muito mal.

Meu pai, não temendo as ameaças por confiar que, se realmente houvesse algum problema, as Entidades de Luz destruiriam a negatividade, concordou em retirá-lo mesmo assim. Porém o inexperiente chefe-de-terreiro, receoso e inseguro, resolveu deixá-lo por lá mesmo, uma vez que o outro "babalaô" tinha muito mais tempo de comando e a fama de, usualmente, praticar feitiçarias em detrimento de outras pessoas.

9º) O emprego

Este último caso aqui colocado aconteceu recentemente comigo, mais precisamente em agosto de 2003. Eu estava desempregado há um ano e três meses, quando tivemos em nosso terreiro uma gira com os boiadeiros.

Todas as vezes em que essas Entidades são chamadas, uma grande euforia toma conta dos Ogãs, pois somos todos "filhos comandados" do Caboclo Boiadeiro da Jurema, cuja responsabilidade, além de recair sobre nós, se estende aos instrumentos sagrados da casa.

Porém, naquela noite, o Caboclo esperado não compareceu. Em seu lugar, manifestou-se o Boiadeiro Juvêncio dos Cafundós, um sertanejo brincalhão que gosta muito de contar seus "causos", embora saibamos que, por trás de suas brincadeiras, muita "mironga" está sendo feita e muita demanda sendo destruída, por sua luz e competência.

Depois de muitas cantorias e risadas, o sertanejo parou diante dos atabaques e com austeridade falou: "Agora vamos trabalhar sério. Recebi uma ordem e vou cumprir minha missão com a ajuda de todos vocês. Peço à Virgem de Nazaré e a

Nossa Senhora da Abadia para que ajudem a este humilde boiadeiro, dando-me forças para fazer o que foi mandado".

Foi quando ele me chamou e perguntou há quanto tempo eu estava sem trabalhar. Informei-o e fiquei sabendo que meus caminhos estavam fechados, visto que, mesmo com todo o cuidado que tomo, algumas energias negativas terminaram recaindo sobre mim por ocupar a função de Alabê, daí a necessidade de uma vigilância maior de minha parte, e, como Ogã, era necessário que uma Entidade do Povo Boiadeiro viesse fazer o trabalho de limpeza e revitalização de minha aura. Somado a isso, ainda existia a ação de resgate cármico, mas que daquele momento em diante, sobre o poder da fé e com a autorização dos Senhores do Astral, tudo iria melhorar.

Com a participação de todos os membros do terreiro, numa grande doação de energias positivas, Seu Juvêncio fez "abrir as porteiras da minha vida" e, logo na próxima semana, eu já me encontrava empregado, e para minha felicidade, numa empresa onde o pessoal responsável também é umbandista. Seria coincidência?

Salve todo o povo Boiadeiro!
Salve Seu Juvêncio dos Cafundós
Xêto-Maromba-Xêto!

O Hino da Umbanda

Sua composição data do início da década de 1960. Tudo ocorreu quando o Caboclo das Sete Encruzilhadas, incorporado no médium Zélio Fernandino de Moraes, atendeu a um cego chamado J. M. Alves que, apesar de não conseguir sua cura, ficou sabendo que a mesma se tratava de "resgate cármico". O homem então se apaixonou de tal forma pela doutrina que fez e apresentou a música ao Caboclo, o qual se mostrou muito gratificado.

Finalmente, em 1961, durante o 2º Congresso de Umbanda realizado na cidade do Rio de Janeiro, foi oficializado em todo o território nacional como o **Hino da Umbanda**.

Hino Oficial da Umbanda
(Letra/música: J. M. Alves)

Refletiu a Luz Divina
Com todo seu esplendor
É do reino de Oxalá

Onde há paz e amor
Luz que refletiu na terra
Luz que refletiu no mar
Luz que veio de Aruanda
Para tudo iluminar
A Umbanda é paz e amor
É um mundo cheio de luz
É a força que nos dá vida
E à grandeza nos conduz
Avante filhos de fé
Como a nossa Lei não há
Levando ao mundo inteiro
A bandeira de Oxalá!

Letras de Pontos Cantados

Geralmente, apenas pela letra, podemos notar a função de um ponto cantado.

Para exemplificar, seguem as letras de algumas das diversas cantigas adotadas na APEU, lembrando que as classificadas como **"de raiz"** não podem ser alteradas em hipótese alguma:

Ponto de abertura

Os pretos-velhos e os caboclos
Vamos todos saravá!
Vamos pedir licença a Deus, nosso Senhor!
Pra nossa gira começar
Senhor do Mundo, Oxalá meu Pai
Baixai, baixai na Umbanda oh! Meu Senhor
E a nossa Terra iluminai
Eu abro a nossa gira com Deus e Nossa Senhora
Eu abro a nossa gira, Samborê, Pemba de Angola.

Ponto de Oxalá

Oxalá, meu Pai!
Hasteie a bandeira branca, bem lá no alto da serra
Oxalá, meu Pai!
Abençoe e perdoe seus filhos, aqui na Terra
Dai-nos a graça,
Meu Pai!
Da sua bênção
Do seu perdão, do seu amor
E não permita que entre os filhos de Umbanda
Possa existir, meu Pai,
Um desertor.

Ponto do Divino Espírito Santo

Pombinho Branco, mensageiro de Oxalá – (bis)
Leve esta mensagem, de todo coração, até Jesus
Vá dizer que somos soldados de Umbanda
E que marchando até o calvário
Carregamos nossa cruz
Vá dizer que somos soldados de Umbanda
E que marchando até o calvário
Carregamos nossa cruz.

Ponto de irradiação

Eu vou pedir a Oxalá
E à Estrela da Guia
Que aumente a nossa luz
Que nós possamos alcançar
A doce vibração deste Congá
Que aumente a nossa luz
Que nós possamos alcançar
A doce vibração deste Congá.

Ponto de defumação

A casa de Seu Ubatuba cheira
À alecrim e à guiné (bis)
Vou queimar mais alfazema
Defumar minha Jurema pra salvar filhos de fé
Vou queimar mais alfazema
Defumar minha Jurema pra salvar filhos de fé, Okê-Odé!

Ponto de saudação aos Dirigentes Espirituais

Auê Babá! Babá é de Orixá – (bis)
Auê Babalaô! Babalaô é de Orixá – (bis)

Ponto de saudação aos Ogãs

Oh! Meu Ogã, Ogã de Lei – bis
A estrela que brilha lá no céu, senhor Ogã
É de Jesus de Nazaré
A estrela que brilha lá no céu, senhor Ogã
É de Jesus de Nazaré.

Ponto para saudar o Congá

Quando ele vem lá da cidade da Jurema
Ele vem, ele vem pra trabalhar (bis)
Bate cabeça, meu filho, no Congá
E pede forças ao Pai Oxalá. (bis)

Ponto para cruzamento na Lei de Pemba

Encruza, encruza
Em nome de Deus encruza – (repetir várias vezes durante o ritual)
Cruzou, cruzou
Em nome de Deus cruzou – (no término do cruzamento).

Ponto para receber alguém com carinho

Um abraço dado de bom coração
É mais do que uma bênção
Uma bênção é uma "benção".

Pedido de licença de um templo visitante

Quem disse, camarada, que eu não vinha
Na sua aldeia trabalhar um dia?
Peço licença para entrar
Banda com banda, faz a Umbanda melhorar.

Para receber o terreiro visitante

Abra a porteira cambone, deixe o terreiro passar,
Que ele veio de longe, pra visitar o Congá
Aí vem (mentor visitante) que também é nosso guia
Veio saudar (mentor da casa) trazendo a sua romaria
Sejam bem-vindos meus irmãos
À casa de Oxalá
Vamos unir nossas mãos
Que a Umbanda vai melhorar
Deixa a Umbanda melhorar, deixa a Umbanda melhorar
Oi deixa a Umbanda melhorar, meu Deus do céu
Deixa a Umbanda melhorar.

Ponto para agradecer a uma boa recepção

Oi Deus lhe pague, ... (babá, pai-de-santo,)
Oi Deus lhe pague
Oi Deus lhe pague pela hospitalidade
Oi Deus lhe pague, ... (pai-pequeno, ogã, cambone, casa santa)
Oi Deus lhe pague
Oi Deus lhe pague pela hospitalidade.

Ponto de proteção a alguém que vai embora

A Estrela-da-Guia guiou nosso Pai
Guiai esse filho ao caminho que vai
A Estrela-da-Guia guiou nosso Pai
Guiai esse filho ao caminho que vai
Ora viva Jesus, nosso Pai Redentor
Que na Santa Cruz, seu sangue derramou
Ora viva Jesus, nosso Pai Redentor
Que na Santa Cruz, seu sangue derramou.

Ponto para cobrir os atabaques

Já deu a hora no relógio de Xangô – (bis)
"Tabaqueiro" fecha o couro
Foi Oxalá quem mandou
"Tabaqueiro" fecha o couro
Foi Oxalá quem mandou.

Ponto de encerramento

Auê, auê Babá,
Eu vou fechar meu Caicó
Eu vou pedir licença a Zambi
E vou fechar meu Caicó
Mas é na fé de Seu Ubatuba
Que eu vou fechar meu Caicó.

Ponto das sete linhas

Quem está de ronda é Ogum Megê
Quem rola a pedra é Xangô Caô
Flecha de Oxóssi é certeira, é
É, é, é, Oxalá é protetor, ôôô, ôô

Sete linhas de Umbanda, sete linhas pra vencer
Na Fé de Pai Oxalá, ninguém pode perecer
Mãe Oxum na cachoeira, Iemanjá nas ondas do mar
Iansã pra defender, pai Ogum pra demandar, ôôô, ôô.

Ponto de raiz do Caboclo Ubatuba

Eu vi Seu Ubatuba saindo da mata
Já era madrugada, era Lua cheia
Trazendo a caça nos seus braços fortes
Para alimentar todos os índios da aldeia
Ele é caçador, ele é caçador
Neste terreiro é quem nos "alumeia"
Ele é caçador, ele é caçador
Seu Ubatuba é o nosso protetor.

Ponto para todos os Caboclos

É índio, é índio, é índio
Mas ele é índio aonde o Sol nascer
A sua flecha é
É de caboclo é
Mas ele é índio aonde o Sol nascer.

Ponto de raiz da Cabocla Indira

Quando eu entrei na mata, vi uma moça morena
Era a cabocla Indira, companheira da Jurema
Vi a cabocla Indira, toda vestida de penas
Sair da sua Aruanda e veio trabalhar na nossa Umbanda
A cabocla já chegou, vamos todos saravá
Como a sua flecha brilha, no terreiro de Oxalá.

Ponto de Oxóssi

Oh, Lua, oh, Lua!
Olha o seu andar, oh Lua! Olha o seu andar
Oh, Lua, oh, Lua!
Olha o seu andar, oh, Lua! Olha o seu andar
Oi por detrás daquela serra
Onde canta o sabiá
Seu Oxóssi no terreiro
Ele vem prá trabalhar.

Ponto para quebrar demanda na força dos caboclos

Apanha folha, caboclo, que eu quero ver
Arranca toco pra essa árvore não crescer
Eu quero ver caboclinho de Aruanda
Trabalhando na Umbanda
Pra Quimbanda não vencer.

Ponto a todos os Pretos-Velhos

Oi, Luanda, Oi, Luanda
Terra da macumba, do batuque e do cangerê
Eu vou bater tambor, eu vou bater tambor
Fazer o meu batuque pra chamar meu protetor

Ponto de raiz do Pai João de Aruanda

Eu vi Pai João chorando, e fui lhe perguntar por quê
Ele disse que lá na senzala, preto não come e não pode beber
Eu vi Pai João chorando, e fui lhe perguntar por quê
Ele disse que o carrasco é forte e tem um chicote para lhe bater

Ponto de raiz do Pai Domingos

Pai Domingos tem coroa de rei
Mas ele é o rei, ele é o rei da Guiné
Saravando meu pai na Aruanda
Os soldados do seu reino vêm salvar filhos-de-fé

Ponto de cura na força de Preto-Velho

Preto-Velho cura, Preto-Velho vai curar
Na fé de Zambi, São Benedito e Oxalá

Ponto aos Ibejis

Se eu pedir, você me dá (bis)
Um balancinho papai, pra eu brincar (bis)

Ponto prá Ibejada

O anel de pedra branca
Que eu perdi no mar azul
Quem achou foi Doum
O anel de pedra verde
Que eu perdi pelo caminho
Quem achou foi Cosminho
O meu anel prateado
Que eu deixei cair no chão
Quem achou foi Damião

Ponto de Ogum

Ogum Dilê, não me deixe sofrer tanto assim meu Pai (bis)
Quando eu morrer vou passar lá na Aruanda
Saravá! Ogum,

Saravá! Seu Sete Ondas
Quando eu morrer vou passar lá na Aruanda
Saravá! Ogum,
Saravá! Seu Sete Ondas.

Ponto para quebrar demanda na Força de Ogum

Ogum venceu demanda, nos campos do Humaitá (bis)
Cruzou sua espada na areia, lavou seu escudo no mar. (bis)

Ponto de subida de Ogum

Ô, ô, ôrá, Adeus Ogum! (bis)
Adeus cavaleiro de Umbanda, adeus Ogum!
Adeus cavaleiro de Aruanda, adeus Ogum! – Ogum, Ogum!

Ponto de Nanã

Saluba! ê, Saluba! ê Nanã
Saluba! ê Nanã, oi Nanã Buruquê.

Ponto de Iemanjá

Vamos Saravá! Mãe Iemanjá
Vamos todos juntos jogar flores no mar
É do mar, é do mar, é do mar
É do mar minha mãe sereia
Papai risca ponto na pedra, Mamãe risca ponto na areia.

Ponto de Oxum

Eu vi Mamãe Oxum na cachoeira
Sentada na beira do rio (bis)
Colhendo lírio, lírio, ê

Colhendo lírio, lírio, á
Colhendo lírio pra enfeitar nosso Congá. (bis)

Ponto Cruzado de Iansã e Xangô

Iansã, Orixá de Umbanda
Rainha do nosso Congá
Saravá! Iansã lá na Aruanda
Eparrei!, Eparrei!
Iansã venceu demanda
Iansã, saravou pai Xangô
E lá no céu, o trovão roncou
E lá na mata, o leão bradou
Saravá! Iansã, Saravá! Xangô.

Ponto de Xangô

Enquanto João Batista for Xangô
E guiar o meu destino até o fim
Se um dia minha fé se acabar, Xangô
Que role esta pedreira sobre mim.

Ponto aos Pretos-Velhos de Xangô

Quenguelê, Quenguelê Xangô
Ele é filho da cobra-coral
Quenguelê, Quenguelê Xangô
Ele é filho da cobra-coral
Olha preto está trabalhando
Olha branco só está olhando
Olha preto está trabalhando
Olha branco só está olhando.

Ponto de cura na força de Obaluaê

Obaluaê, Obaluaê, êêê
Meu Pai, Obaluaê
Ouve o meu pedido, neste descarrego
Pipoca na casa, no canto um sossego
Despache as doenças, trazendo a saúde
Sob seu filá, venha me amparar
Meu Pai Obaluaê
É filho de Nanã Buruquê.

Ponto às Santas Almas

Oi lá no Cruzeiro das Almas
Lá onde as Almas vão rezar
As Almas choram de alegria
Quando seus filhos combinam
Também choram de tristeza
Quando não "quer" combinar.

Ponto de raiz do Caboclo Boiadeiro da Jurema

Eu vi a mata se abrir
E um grande guerreiro passar
E ele veio com um lindo diadema
Xetuá! Para o Caboclo Boiadeiro da Jurema

Ponto de demanda na força de Boiadeiro
(usado também em outras linhas – serve como ponto sotaque)

Iáiá! Eu não sei ler
Iáiá! Quero aprender,
Me empreste sua cartilha
Que eu também quero aprender

É um "A", é um "B"
É um "A", um "B", um "C"
Me empreste sua cartilha que eu também quero aprender.

Ponto de raiz do Boiadeiro Juvêncio

Feche a porteira boiadeiro,
Pra esse boi não desgarrar
Mas se esse boi fugir eu jogo o laço e vou buscar
Vou chamar seu boiadeiro Juvêncio dos Cafundós
Xetuá pra boiadeiro que tem laço de cipó.

Ponto de Raiz do Marinheiro do Egito

Eu sou Marinheiro do Egito, eu tenho Bom Jesus para lhe dar
Solte meu barco no mar Santa Bárbara,
Eu tenho Bom Jesus para lhe dar

Ponto de Baianos

Tô na Bahia, tô na Bahia, tô, tô, tô – (4 vezes)
É na Bahia que o baiano é rei – (4 vezes).

Ponto pra quebrar demanda na força dos baianos

Vamos baiana, pisar no Catimbó
Amarrar o inimigo na pontinha do cipó.

Ponto do Seu Zé Pilintra para quebrar demanda

Oi meu limão, oi meu limoeiro
Oi meu limão, oi meu "limoá"
Eu sou Zé Pilintra, Zé Pilintra eu sou
Joguei meu punhal no ponto

Para meu ponto afirmar
Chamei meus camaradas para vir me ajudar
Joguei meu punhal no ponto
Para meu ponto afirmar
Chamei meus camaradas pra demanda vir quebrar.

Ponto de raiz do Exu das Sete Portas

Lá no fim daquela estrada tem uma figueira torta
É lá que fica a morada do Exu das Sete Portas
Chama por ele, não tenha medo
Seu Sete Portas guarda segredo
Laroiê! Exu
Salve! Exu das Sete Portas

Ponto de raiz do Exu Maré

Olha que lindo o clarão da Lua
Que refletia nas ondas do mar
Vi um homem sentado na areia
Era Exu Maré saudando Iemanjá
Exu Maré, saravá sua banda
Exu Maré, saravá sua banda
Oi dá licença que eu vim trabalhar
Saravá Exu! Salve Mãe Iemanjá!
Laroiê Exu! Salve todas as forças do mar!

Ponto prá quebrar demanda na força dos Guardiões Exus

Quantas vezes eu já disse que não
Na minha cabeça ninguém põe a mão
Você vem de lá falando besteira
Jogando poeira no meu Congá
Não adianta fazer demanda

Olha! Quimbanda com Umbanda não dá
Mas acontece que por sinal
Você se deu mal, eu também sou de lá
Dim, dim, dim, eu também sou de lá
Dim, dim, dim, eu também sou de lá.

Regulamento dos Ogãs (Modelo)

1º – Todos os Ogãs deverão efetuar as obrigações necessárias antes e após os trabalhos litúrgicos.
2º – Na ausência do Alabê, o primeiro Ogã que chegar ao terreiro deverá preparar as obrigações de proteção e firmeza dos atabaques.
3º – Os tambores e instrumentos auxiliares devem ser respeitados, pois são os responsáveis pela harmonia musical e, principalmente, pela vibração do templo.
4º – O silêncio deve ser mantido quando alguma Entidade estiver orientando ou passando mensagens aos presentes no local, ou quando médiuns estiverem rezando perante o Congá.
5º – Cada Ogã deverá, dentro do possível, afinar seu atabaque antes do início dos trabalhos.
6º – Os instrumentos consagrados só poderão ser utilizados para fins litúrgicos.
7º – Não é permitido passar entre os atabaques, uma vez que há uma ligação fluídica e vibratória entre eles, além de

ser um ato de desrespeito aos instrumentos de maior vibração da casa.

8º – O "mão-de-couro" que ainda não conhece plenamente um toque deverá percuti-lo mais baixo do que os outros instrumentistas, de modo que possa acompanhar sem atrapalhar o ritmo e a harmonia musical.

9º – Com orientação do Alabê, todos deverão fazer as obrigações necessárias para os trabalhos especiais ou externos.

10º – O Ogã deverá zelar pelo seu instrumento, cabendo a ele repor ou consertar qualquer peça ou parte danificada, exceto nos casos em que outra pessoa seja responsável pelo dano.

11º – Os Ogãs não devem tocar instrumentos em outro terreiro, sem autorização prévia do Alabê ou do Dirigente Espiritual.

12º – Não deve existir conversas alheias durante os trabalhos litúrgicos.

13º – Os Ogãs têm a obrigação de auxiliar nos pontos cantados.

14º – Ao término dos trabalhos, os atabaques devem ser cobertos pelo Dossel de Oxalá.

Observação: o verdadeiro Ogã deve ter responsabilidade com seu instrumento, assim como com sua mediunidade, lembrando que ela é de extrema importância para si na sua caminhada espiritual umbandista, bem como para um bom desempenho dos trabalhos do seu terreiro.

O Alabê

Manutenção dos Instrumentos

A boa conservação dos instrumentos sagrados de um terreiro, além de promover um melhor desempenho dos mesmos, pode evitar custos indesejáveis, devido a peças danificadas. Para isso, é necessário que o Ogã tenha zelo e desejo em preservá-los, através de ações muito simples, como as que seguem:

Atabaques

- **Couro:** para preservá-lo sempre seco, basta colocar o atabaque sob a luz do Sol, pois o calor vai evaporar qualquer sinal de umidade, evitando assim a ação dos fungos. Nesse momento, se desejar amaciá-lo, aplique uma pequena camada de azeite-de-dendê, espalhando por toda a pele. Um detalhe importante é afrouxar o couro ao final dos trabalhos (principalmente nos dias mais frios), pois a umidade, agindo no couro esticado, facilita o seu rompimento.

- **Madeira:** passar um produto que proteja a madeira da umidade e da ação dos fungos.

- **Tarraxas e tirantes:** devem ser untados com óleo antiferrugem. Quando apresentarem defeitos ou, ainda, se as roscas ficarem "cegas", devem ser trocados com o máximo de urgência.

- **Ganzás e agogô:** por serem instrumentos metálicos, para uma boa conservação, devem ser pintados com tinta especial, se possível com ação antiferrugem.

- **Caxixi:** para evitar fungos e insetos (cupins), coloque-o sob a luz solar e, se necessário, aplique um produto com ação inseticida.

Um Pouco de História

No início do século XX, por volta de 1910, Ogãs protetores de suas Casas-de-Santo, insatisfeitos com a rigidez litúrgica dos Candomblés da época (longo tempo de iniciação, utilização de roupas e atributos caros e sujeição ao tradicionalismo africano), rebelaram-se e resolveram então nacionalizar os rituais.

Este movimento denominado "A Luta dos Ogãs" introduziu certos rituais africanos dentro da Umbanda, e de alguma forma teve influência nos chamados Candomblés de Caboclo e Candomblés de Angola que, devido à presença de negros bantos, índios e mulatos brasileiros, possuem uma liturgia muito mais "abrasileirada", diferente de outros cultos trazidos da África.

A história nos conta que a Umbanda, nascida em 1908, por ordem do Caboclo das Sete Encruzilhadas, através da manifestação mediúnica no médium Zélio Fernandino de Moraes, não usava tambores em seus trabalhos litúrgicos. Porém, anos depois (em 1936), por determinação da mesma Entidade, foi fundada a Tenda Espírita São Jorge, que até hoje utiliza atabaques, deixando claro que a participação dos Ogãs e seus instrumentos foi bem aceita pelo Caboclo e pelos Espíritos de Luz que atuam na religião.

Monte Seu Próprio Instrumento

De modo geral, os instrumentos utilizados numa casa umbandista são confeccionados em fábricas especializadas. Porém, se desejar, qualquer pessoa poderá construí-los artesanalmente. Para isso, segue a explicação passo a passo, de como proceder para montar um atabaque de tarraxas e um belo caxixi:

Atabaque

- Escolha uma madeira bem consistente, como maçaranduba ou sucupira.
- Corte as madeiras em ripas de mais ou menos 6 cm de largura.
- Com a plaina ajuste as ripas.
- Para fazer um atabaque grande você vai precisar de mais ou menos 22 ripas.
- Coloque as ripas lado a lado e feche-as com um arco de ferro para segurá-las.
- Coloque um segundo arco de ferro.

- Vire o atabaque de cabeça para baixo e coloque o terceiro e o quarto arcos de ferro. O bojo do atabaque influencia o som; quanto mais estreito, mais agudo.
- Quando o atabaque estiver com todos os arcos, coloque fogo no seu interior.
- Deixe o atabaque vinte minutos com a brasa do fogo para ficar na forma.
- Desmanche a parte de baixo e passe cola nas ripas.
- Coloque os aros de ferro que substituirão os primeiros aros.
- Chegou a hora de encourar o atabaque. Utilize couro de boi ou de bode.
- Deixe o couro de molho na água.
- Na hora de encourar, use aros de ferro e dê uma "folga" da carcaça para conseguir uma boa afinação.
- Aperte as tarraxas aos poucos, uma por vez, como se estivesse formando uma cruz.
- Depois que o couro secar, afine o atabaque.

Caxixi

- O caxixi começa a ser feito pelo fundo, que pode ser de madeira, cabaça ou coité. Nosso exemplo será com cabaça.
- Lixe a cabaça até ficar limpa e, com uma faca, vá cortando e arredondando até atingir o tamanho aproximado de 10 cm de diâmetro.
- Lixe as bordas. A parte interna da cabaça será a externa do caxixi.
- Com uma chave de fenda, faça furos que devem ser em números ímpares: 7, 9, 11...
- Cozinhe o junco em uma solução de água e soda cáustica para que ele fique mais maleável.
- Depois de seco, separe algumas tiras de junco e coloque num balde com água.

- Pegue um fio de junco e passe por uma das pontas por um furo e a outra pelo furo do lado. Faça isso até que todos os furos estejam preenchidos.
- Pegue um fio de junco e amarre todos os outros no alto.
- Com uma tira de junco, passe por cima de um fio e por baixo do outro, assim sucessivamente até entrelaçar todo o fio. Ao terminar um fio, pegue outro e proceda da mesma maneira.
- É preciso cautela para não deixar o caxixi torto. O fio entrelaçado deve ser bem puxado para o "ponto" não ficar largo.
- Depois de trançado até a metade, coloque a haste de junco que serve para segurar o instrumento.
- Corte os fios de junco na altura da haste.
- Continue trançando, usando agora também a haste.
- Com uma faca, acerte as rebarbas e deixe um fio solto.
- Coloque as sementes (lágrimas-de-nossa-senhora, olho-de-cabra), ou búzios, de acordo com som desejado.
- Entrelace na haste o fio que deixou solto.
- Pegue um fio de junco e "costure" o caxixi.
- Depois de fechado, queime todas as rebarbas e passe verniz.

Epílogo

Ao término desta obra, espero ter contribuído para um melhor entendimento sobre a função do Ogã, tão importante dentro de uma casa umbandista ou de outros cultos afro-brasileiros. Tenho a humildade de reconhecer que muitas interrogações ainda ficaram sem respostas, até porque, como sempre diz nosso dirigente espiritual: "A Umbanda é como um funil ao contrário, onde começamos pela parte estreita e quanto mais a estudamos, maior será a quantidade de informações a serem absorvidas". Outro detalhe importante é que nem tudo o que diz respeito ao cargo poderá ser revelado num livro. Muitos ensinamentos só podem ser passados diretamente pela Entidade Mentora, pelo Pai ou Mãe-de-Santo ou ainda pelo Alabê aos Ogãs de cada tenda, até porque, como foi frisado ainda nos primeiros capítulos, cada terreiro tem seu próprio fundamento.

Assim, meu maior objetivo ao escrever não foi o de ser o dono de uma verdade absoluta, pois essa somente a Zambi, o Deus Todo-Poderoso, pertence, mas, sim, passar um pouco do conhecimento adquirido ao longo dos anos, procurando, assim, ser um legítimo soldado de Oxalá, que luta bravamente em prol de um crescimento evolutivo e doutrinário daqueles que participam dessa religião tão linda, aceita por poucos, mas procurada e, infelizmente, incompreendida por muitos: a UMBANDA!

Saravá!

O Autor

Referências Bibliográficas

A Bíblia Sagrada.

ACQUAVIVA, Marcus Cláudio. *Vodu – Relig. Magia Negra no Haiti e no Brasil.* Aquarius, 2ª ed., São Paulo, 1977.

FÉLIX, Candido Emanuel. *A cartilha de Umbanda*, 1ª ed., 1965.

FERAUDY, Roger. *Serões de Pai Velho.* Hércules, 3ª ed., Porto Alegre, 1996.

ORPHANAKE, João Edson. *A Umbanda às suas ordens.* Obelisco, São Paulo, 1982.

ORPHANAKE, João Edson. *Conheça a Umbanda.* Pindorama, São Paulo.

Revista Planeta – Cultura Negra, Ed. Três, São Paulo, 1988.

Revista Planeta Especial nº 03 – Dicionário de Cultos Afrobrasileiros, 3º vol. O-Z, Ed. Três, São Paulo, julho/1985.

Revista Planeta Especial nº 126-A – Candomblé e Umbanda, Ed. Três, 2ª ed., São Paulo, 1983.

Revista Praticando Capoeira, ano 1, nº 03 – ed. D+T.

Revista Religião & Sociedade, vol. 16, IGER, Rio de Janeiro, 1992.

Revista Super Interessante, ano 9, nº 01 – Ed. Abril, São Paulo, 1995.

RIBEIRO, José. O jogo de búzios. Pallas, Rio de Janeiro, 1988.

VARELLA, João Sebastião das Chagas. Manual do Filho de Santo. Ed. Espiritualista, Rio de Janeiro, 1973.

Sites consultados:

www.cultodavida.online.pt

www.fflch.usp.br/sociologia/posgraduacao/jornadas/papers/st08-4.doc

www.frecab.hpg.ig.com.br

www.hemewebbing.com.Br/news/pesquisas/Universit%E1rias/Comunicação/terreiro.asp

www.jornaldeumbandasagrada.com.br

www.jornalumbandahoje.com.br

www.kwelefe.org

www.pl.wikipedia.org

www.salves.com.br

www.umbanda.org.br

www.yle.iya.nom.br